Il Manuale di Manipolazione Mentale

Come scoprire le tecniche di manipolazione e utilizzare i segreti della persuasione, dell'intelligenza emotiva e della PNL a proprio vantaggio

Zac Adams

Avviso di esclusione di responsabilità:

Si prega di notare che le informazioni contenute in questo libro sono intesi solamente per scopo educativo e di intrattenimento. È stato fatto tutto il possibile per presentare informazioni accurate, aggiornate, affidabili e complete. Nessuna garanzia di alcun tipo è dichiarata o implicita. I lettori riconoscono che l'autore non è impegnato nella fornitura di consigli legali, finanziari, medici o professionali. Il contenuto di questo libro è stato tratto da varie fonti. Si prega di consultare un professionista autorizzato prima di tentare qualsiasi tecnica descritta in questo libro.

Leggendo questo documento, il lettore accetta che in nessuna circostanza l'autore è responsabile di eventuali perdite, dirette o indirette, subite come risultato dell'uso delle informazioni contenute in questo documento, compresi, ma non limitati a, errori, omissioni o imprecisioni

Indice

Introduzione

La psicologia oscura, come si può supporre dal nome, è una materia che studia la manipolazione e il controllo mentale per poter ottenere qualcosa che possa avvantaggiare il manipolatore in una determinata situazione ai danni di una persona. Siamo tutti inclini ad avere un lato oscuro. Si tratta di una semplice condizione umana, ma spesso questo concetto viene frainteso. La psicologia oscura raccoglie tutte le pratiche manipolative e pericolose, potrebbe sembrare un argomento distaccato dalla realtà che si può incontrare solamente in qualche libro fantasy, tuttavia non c'è nessun mago ne un demone coinvolto in questo genere di manipolazione dell'intelletto umano. La psicologia, come la conosciamo, si basa sullo studio della mente, delle azioni, dei metodi di comunicazioni e dei comportamenti umani. Il male legato alla psicologia oscura nasce dalle tecniche pericolose che le persone utilizzano per manipolare qualcuno o sfruttare una determinata situazione per ottenere ciò che desiderano. In un certo senso si può dire che chi utilizza queste tecniche a proprio vantaggio ha un indole egoista, ma d'altronde si tratta di una caratteristica piuttosto comune tra gli esseri umani. Alcuni potrebbero obiettare che la manipolazione non è una tecnica utilizzata solamente dagli umani, ma che si tratta di qualcosa che possiamo notare anche tra gli animali. Questa affermazione non fa che confermare che la manipolazione è uno strumento molto comune in qualsiasi essere vivente.

Per poter iniziare a capire come rispondere alla psicologia oscura è necessario avere una comprensione di questa materia. Una volta che si avranno le conoscenze generali diventerà più facile dividere i metodi utilizzati in diverse categorie in modo da dare la priorità a determinate tattiche che possono essere utilizzate. Nel momento in cui riusciamo a comprendere qualcosa nella sua complessità è più probabile essere in grado di affrontarla senza confondersi. D'altronde non è di certo un segreto che la mente umana possa essere una materia molto complessa. La psicologia oscura potrebbe sembrare una materia semplice inizialmente, ma sono diversi i fattori che possono influire sull'abilità e sulla capacità di manipolazione e del controllo della mente. Non è sempre comprensibile capire di essere manipolati, perché si tratta di un inganno molto sottile, esattamente come il controllo mentale. In questo caso la sottigliezza è un fattore piuttosto pericoloso.

Fortunatamente, la prima parte di questo libro contiene le informazioni necessarie di cui hai bisogno per iniziare a capire cosa sia la psicologia oscura. Sono molti i fattori che possono far capire se una persona è vittima di manipolazione. Le persone che subiscono questo genere di trattamento possono essere definite vittime, visto che non sono per nulla consapevoli del controllo che qualcuno potrebbe esercitare su di loro. La vittima non è assolutamente da biasimare per la sfortuna di aver agito in un determinato modo sotto effetto di una manipolazione, inganno o controllo, perché francamente non è possibile prevedere cosa possono o non possono fare gli altri in una determinata situazione o circostanza. Questo libro mostrerà anche quali sono i comportamenti che utilizza qualcuno che pratica la psicologia oscura sugli altri. Ad esempio parlerò dei narcisisti. All'interno del libro si spiegherà anche quali sono, potenzialmente, le intenzioni di un manipolatore, ma è necessario ricordarsi che ognuno di loro ha degli obiettivi diversi. Spiegheremo anche alcune delle tecniche più utilizzate, spiegandole in maniera approfondita per creare una solida comprensione nella mente del lettore riguardo a quello che è la manipolazione e il controllo mentale. E questo permetterà a qualsiasi persona che ha una maggiore comprensione del concetto di psicologia oscura di avere maggiori possibilità di evitare, di recuperare o di avere consapevolezza di chi possa essere una vittima o essere potenzialmente tale.

Sfortunatamente, non esiste un metodo lineare per comprendere o teorizzare il comportamento umano, questo perché ogni persona è imprevedibile e ha un carattere unico. Non abbiamo né gli strumenti, né i mezzi per poter leggere la mente umana e fornirci le risposte riguardo a quello che le persone stanno pensando o sapere le loro intenzioni sulle prossime azioni da compiere. Tuttavia, ci sono vari modelli o eventi sequenziali che possono essere familiarizzati attraverso il controllo e l'analisi. La seconda parte del libro cercherà di analizzare come ci si può proteggere dai manipolatori e da coloro che vogliono ottenere ciò che desiderano da una persona. Alcune vittime sono bersagli più facili di altre a causa dei loro comportamenti o delle circostanze. E spesso queste vittime sono bersagli facili proprio perché non hanno alcuna conoscenza riguardo alla psicologia oscura. Ma anche in questo caso non è possibile fargliene una colpa perché se gli esseri umani non sono consapevoli di qualcosa non sono in grado di proteggersi dal problema. Ci sono anche situazioni importanti nella nostra vita che potrebbero spingerci a essere vittime della manipolazione e dell'inganno. Diventare consapevoli di queste importanti vulnerabilità è un passo importante per raggiungere un certo livello di consapevolezza e protezione. Il libro fornirà anche alcune informazioni su come evitare la manipolazione, un modo che permette di evitare di cadere nelle mani di qualcuno che utilizza la psicologia oscura in maniera relativamente semplice.

Quando si ha a che fare con i manipolatori, è importante comprenderne gli aspetti e quali sono i principi che ci permettono di identificare un manipolatore per poter trattare con loro in maniera corretta. E potrebbe anche rivelarsi difficile il non diventare noi stessi un manipolatore per difenderci. Tuttavia, il consiglio è sempre quello di rimanere neutrali e mantenere una certa etica in tutte le situazioni. La manipolazione può derivare anche da emozioni e sentimenti e sapere come difendersi dalla manipolazione emotiva può essere un enorme vantaggio. Anche la menzogna e l'inganno giocano un ruolo importante nella manipolazione. Questa parte del libro fornirà le informazioni giuste per identificare le bugie e l'inganno e le informazioni che permettono di capire come i media e la pubblicità cercano di manipolarci.

È importante notare che la psicologia oscura include tutti i ruoli che abbiamo nella vita di altre persone. Si tratta di un riflesso del nostro "lato oscuro" ed è qualcosa che ogni individuo ha dentro di sé in maniera innata. Non importa quale sia la nostra cultura, fede o etnia, in tutti i casi l'umanità ha questo enorme problema. Tutti noi abbiamo un lato oscuro, ribelle e in qualche modo patologico che spesso si mette in evidenza a causa delle circostanze o come reazione a qualcosa. Non è possibile liberarsi del proprio lato oscuro ed è importante prepararsi a gestirlo. Sicuramente, può essere utile, ma ogni volta che si ha un impatto negativo su un'altra persona questo può essere pericoloso. Il motivo per cui esistono così tanti problemi in questo mondo è l'incapacità delle persone di controllare questo lato oscuro.

La psicologia oscura dà per scontato che in tutti noi ci sia un lato potenzialmente malvagio. Si tratta di una spinta innata in tutti gli individui. E le tendenze violente si possono mostrare con fattori interiori ed esterni. Si tratta di comportamenti predatori e si possono manifestare indipendentemente dalla ragione su cui si basano, anche se non sembra esistere un motivo reale. Il concetto di persone che diventano prede o predatori spesso è distorto e in qualche modo frainteso. La psicologia oscura e gli studi legati a questa materia cercano di fornire una migliore comprensione della mente umana e del suo lato più oscuro, una caratteristica umana che può essere paragonata a un istinto animale, ma che non si trova in nessun'altra specie vivente. Solamente nell'uomo. I comportamenti instabili e manipolativi si possono trovare anche in altre specie animali, ma solamente gli esseri umani compiono determinate azioni senza un motivo reale. Gli animali, ad esempio, mostrano comportamenti violenti e manipolatori per proteggersi e sopravvivere.

Nella terza parte del libro, potrai trovare numerose informazioni che ti permetteranno di mantenere una certa etica mentre pratichi o utilizzi alcuni aspetti della psicologia oscura. È importantissimo che una persona rimanga sempre rispettosa degli altri quando ha a che fare con il legame che esiste tra la mente umana e i suoi comportamenti. La psicologia è una materia complessa e ogni anno sono numerosissime le scoperte su questo argomento. Se non si riesce a gestire la situazione in maniera etica la psicologia oscura può diventare pericolosa e in alcuni casi creare dei problemi che non sono per nulla necessari.

Usare la psicologia oscura come uno strumento non deve essere legato necessariamente ad azioni malvagie. Si può utilizzare per un messaggio o per tentare di convincere qualcuno a fare qualcosa senza il bisogno di manipolarlo o di controllarne la mente, esperienze che potrebbero avere degli effetti decisamente negativi sulla mente umana e sull'esistenza di una persona. Solitamente non viviamo pensando a come siamo manovrati in alcune situazioni o indirizzati a prendere determinate decisioni, perché a tutti piace pensare di avere un completo controllo delle proprie scelte. Questo è vero in alcuni casi, ma non sempre. A differenza della manipolazione la persuasione è un metodo etico e umano che permette di guidare qualcuno in una determinata direzione o verso una scelta determinata. In questo caso alle persone si offrono delle opzioni tra cui scegliere, invece di manipolarle per prendere una certa direzione. La persuasione è uno strumento che si può utilizzare per convincere qualcuno a fare qualcosa in maniera sicura ed etica.

All'interno di questo libro troverai informazioni sui principi della persuasione, sulle sue teorie e sui metodi e su come si può utilizzare a proprio vantaggio, senza danneggiare nessuno. Sono diversi anche i passaggi cruciali da seguire quando cerchi di comunicare con qualcuno e lo stai cercando di influenzare, sperando di poterlo convincere in qualche modo. E anche in questo caso l'approccio all'utilizzo di questi metodi sarà completamente etico, in modo da evitare qualsiasi danno o mancanza di rispetto nei confronti di qualcuno. La persuasione è particolarmente utile in contesti professionali, nelle relazioni personali e nella vita in generale. Si tratta di una caratteristica che fornisce opzioni e la libertà di scegliere invece di manipolare e ingannare qualcuno facendogli fare qualcosa che avvantaggia prevalentemente solo una persona.

Anche l'intelligenza emotiva è un argomento che ha un certo legame con la psicologia oscura in quanto è legata alla persuasione. Alcune persone sono emotivamente più intelligenti di altre. Un fattore che gli permette, nella maggior parte dei casi di non essere persuase facilmente o che, addirittura, offre la possibilità di individuare qualcuno che sta cercando di manipolarle. Ci sono anche informazioni su come è possibile migliorare la propria intelligenza emotiva e su come questo può darti dei vantaggi nella maggior parte, se non in tutte, le situazioni che potresti dover affrontare. L'intelligenza emotiva può essere utilizzata a proprio vantaggio se si utilizza un approccio giusto, proprio come quelli presentati in questo libro. L'intelligenza emotiva influenza le proprie relazioni, la carriera e tutta la vita. Motivo per cui è così importante prestare attenzione a questo argomento.

All'interno del libro, ci saranno anche informazioni sulla programmazione neuro-linguistica (PNL) e su come viene utilizzata dalle persone per migliorare le loro vite e su come appartiene alla materia. Discuteremo anche dei principi fondamentali della PNL, delle sue tecniche, delle ancore e del ruolo che ha nelle relazioni e nelle carriere in modo da fornire le informazioni necessarie se si decide di utilizzare questo genere di tecniche o pratiche.

Parte I:

Comprendere la psicologia oscura

Capitolo 1:
Manipolazione e controllo mentale

Manipolazione

La manipolazione è una categoria di controllo mentale che all'interno della psicologia oscura è descritta come un'alterazione di ciò che un individuo sta pensando, del modo in cui può o non può reagire o del suo comportamento generale. Si tratta di una vera e propria manipolazione psicologica, poiché ha a che fare con la mente e la psiche umana. Questo genere di inganno o di influenza mira a cambiare la percezione della realtà di una persona. E naturalmente se si è in grado di cambiare la percezione o la visione della realtà di qualcuno anche il suo comportamento nei confronti di certe cose o persone ne risente. Solitamente per manipolare qualcuno si fa affidamento a una serie di tattiche pericolose. Le tattiche utilizzate per manipolare una persona e cercare di farle cambiare la percezione o il comportamento sono azioni violente, invadenti, ingannevoli, subdole e dannose. Usando la manipolazione si possono portare avanti i propri interessi a scapito delle vittime e, molto spesso, dei loro cari, visto che nella maggior parte dei casi una manipolazione potrebbe colpire molte vite.

Solitamente la manipolazione consiste di metodi molto ingannevoli che mirano a sfruttare le debolezze della vittima e portano a praticare alcune tattiche pericolose e violente per raggiungere il proprio obiettivo più facilmente. Alcune persone possono rendersi conto di essere manipolate, ma non tutti lo capiscono immediatamente. Inoltre, è più facile notare che qualcun altro viene manipolato, piuttosto che rendersi conto di subire una manipolazione. Questo perché siamo propensi a credere di avere il pieno controllo delle nostre emozioni e delle nostre reazioni e comportamenti. Si tratta di un aspetto che si verifica in molte occasioni, ma non in tutte le situazioni. Facciamo fatica a identificare o capire quando avviene un comportamento manipolativo perché esiste un legame di fiducia tra chi compie la manipolazione e la vittima. Può essere qualcuno che conosciamo bene o qualcuno che percepiamo come una persona affidabile. La manipolazione è uno strumento che si nasconde bene e in alcuni casi si nasconde in persone che percepiamo come delle guide o dei supporti morali.

Affinché la manipolazione funzioni, il soggetto o la vittima deve essere convinto di non avere altra scelta o opzione in una determinata situazione o circostanza. È spinta a pensare che qualcosa sia vero, anche nel caso sia falso e nel caso in cui abbia delle informazioni false o alterate. In alcuni casi i manipolatori forniscono solo una quantità d'informazioni limitata in modo da nascondere la verità o la realtà in modo da convincere le vittime a prendere una certa decisione o a pensare in un determinato modo. I manipolatori non alterano solamente la verità per ottenere ciò che vogliono, ma talvolta ricattano anche le loro vittime nel caso in cui queste fossero a conoscenza fin dal principio di tutta la realtà. I manipolatori sono maestri nel mantenere sempre sotto controllo la situazione o la circostanza in modo che non sia possibile incolparli di nulla. Solitamente è proprio la vittima o il soggetto debole che rischia di essere incolpato e interrogato, mentre il manipolatore ne muove i fili a proprio vantaggio.

I manipolatori non provano alcuna empatia o simpatia verso le loro vittime, il che rende ancora più difficile disinnescare la situazione o la manipolazione che si sta verificando. Di solito fingono di mantenere una sorta di legame con il soggetto o la vittima, ma in realtà non si preoccupano affatto se la persona è ferita da quello che sta succedendo. I manipolatori sono straordinariamente egoisti e in molti casi sono in grado di danneggiare la vita degli altri per poter ottenere guadagno personale, indipendentemente dalle circostanze. La vittima ha un forte attaccamento emotivo alla situazione: il manipolatore può scomparire senza avere alcun rimorso una volta che ha ottenuto quello che voleva o ha raggiunto il pieno controllo della situazione. Ai manipolatori non interessa se è fisicamente o psicologicamente dannoso per le persone colpite; si preoccupano semplicemente di ciò che possono ottenere dalla situazione che hanno creato. I manipolatori diventano esperti nel loro mestiere e sono noti per ricattare, minacciare, sfruttare, terrorizzare le loro vittime (tra le diverse cose) per ottenere ciò che vogliono. Sono maestri dell'inganno e possono anche essere personalità molto forti e influenti. Tuttavia, sanno anche interpretare il ruolo della vittima per ingannare le vittime e passare loro stesse per innocenti in una determinata situazione. I manipolatori sono dei veri e propri attori in grado di adottare un ruolo che gli permetterà di ingannare e catturare le loro vittime.

Tra i metodi più comuni per la manipolazione si possono citare:

Attenzioni d'amore : questo genere di manipolazione di solito si verifica nelle relazioni personali e soprattutto nelle relazioni sentimentali. Il manipolatore arriverà a dedicare tutto il proprio "amore" e "attenzione" alla vittima per farla sentire speciale. Si tratta di una tecnica che prevede una quantità prepotente di affetto, attenzione, gratificazione, uniti a conversazioni e discorsi che permettono alla vittima di sentirsi desiderata. La vittima potrebbe credere che questa persona abbia a cuore il suo interesse e innamorarsi follemente del suo manipolatore o creare un legame molto forte con lui o lei, anche nel caso non ci fosse nulla di romantico. In altre parole, si tratta di un metodo che permette di accecare qualcuno d'amore per ottenere il risultato desiderato. Si tratta di una tecnica che ha successo perché, come esseri umani, spesso abbiamo un forte bisogno di sentirci desiderati e amati.

Negazione dell'amore : una volta che il manipolatore ha inondato la vittima d'amore, può scegliere di negarglielo. È come se si somministrasse della droga a qualcuno per renderlo dipendente e poi togliergliela per rafforzare la propria posizione di potere nella situazione o in quel genere di relazione. A questo punto la vittima farà tutto ciò che il manipolatore desidera per riconquistare quel senso di desiderio o amore che prova nei confronti del manipolatore. Si tratta di una tecnica molto efficace a seconda della vittima e delle circostanze. Privare le vittime del proprio amore può anche causare una chiusura, che porterà la vittima a credere che se si fa esattamente quello che chiede il manipolatore si potrà ottenere nuovamente il suo amore.

Psicologia inversa: questa tecnica funziona particolarmente bene con individui che normalmente non cedono alla persuasione, mentre le richieste dirette funzionano meglio se si ha a che fare con individui compiacenti. Chi viene controllato è generalmente inconsapevole di ciò che sta succedendo. La psicologia inversa è una tecnica o una strategia in cui si agisce o ci si comporta in maniera inversa a quella desiderata, spingendo la persona che sta subendo la manipolazione a fare ciò che realmente si desidera. Questo avviene a causa della reattanza psicologica che teorizza il fatto che una persona reagisce negativamente a una propria convinzione, scegliendo l'opposto di quello che crede gli altri vogliano che lui faccia.

Per dirla in altre parole il manipolatore farà finta di volere che il soggetto scelga l'opzione A e potrebbe cercare di convincerlo a scegliere questa opzione, sapendo che alla fine la vittima sceglierà l'opzione B. In questo modo, la vittima crede che sia stato lui a fare le scelte, ma in realtà non è affatto così.

Sono diverse le tecniche che si possono utilizzare per manipolare le persone e controllarle, quelle che abbiamo citato sono tre tecniche piuttosto comuni. Si tratta di tecniche che potrebbero non essere efficaci su chiunque, ma è dimostrato che funzionano su determinate tipologie di persone.

Controllo mentale

Il controllo mentale non è affatto un concetto nuovo e si tratta di un aspetto di cui si parla da tempo. Per anni la razza umana ha provato paura all'idea che qualcuno potesse controllare i pensieri e i comportamenti delle persone e si è provato persino paura che qualcuno potesse controllare la mente degli altri per spingere a fare cose contro la propria volontà. Ci sono centinaia, se non migliaia di teorie (per lo più basate sulla cospirazione) che sostengono che sono diversi i governi e le autorità che hanno utilizzato il controllo mentale sulle masse per riuscire a controllare le società e la popolazione nel suo complesso. Ci sono stati anche vari casi di giustizia penale in cui il controllo mentale, specialmente il lavaggio del cervello, è stato presentato come il motivo per cui è stato commesso un determinato crimine. Si tratta di un aspetto che sposta la colpa dal condannato al manipolatore, chiunque esso sia.

Sui media e sui contenuti digitali che consumiamo si possono leggere   molte rappresentazioni del controllo mentale. Tuttavia, è importante notare che queste rappresentazioni sono quasi sempre aggiunte per dare un effetto drammatico e non sono sempre una rappresentazione accurata di ciò che può realmente essere il controllo mentale e di come influisce sulla mente umana. C'è una quantità considerevolmente grande di approcci e tecniche diverse che si possono utilizzare per controllare la mente di qualcuno. Per questo motivo, spesso è difficile comprendere e rappresentare accuratamente qualsiasi forma di questa materia attraverso i media. Questo significa solo che il controllo mentale che vediamo sui nostri schermi non corrisponde completamente al controllo mentale psicologico che possiamo notare nella realtà. Il lavaggio del cervello, la manipolazione non etica (e in alcuni casi etica), la persuasione e l'inganno sono temi molto comuni nella psicologia oscura. Questi approcci esistono per permettere alla persona che desidera controllare la mente di qualcun altro (il controllore) di far allontanare le vittime dalla loro morale fondamentale, dai loro valori e dai loro sistemi di credenze in modo da adottare la mentalità e l' atteggiamento che desidera il controllore. C'è una linea sottile tra l'adattarsi al cambiamento alterando queste convinzioni e l'essere costretti a farlo con intenti malvagi o persuasivi. Per esempio, quando gli esseri umani devono agire in una situazione fuori dal loro controllo, spesso devono adattarsi a un nuovo ambiente per sopravvivere. Lo stesso vale per la maggior parte delle entità naturali. Questo non significa che siano stati forzati a farlo, ma negare il cambiamento generale di questi sistemi potrebbe diventare una sfida sempre più difficile.

Quando gli esperti devono analizzare il lavaggio del cervello, certe situazioni possono farlo sembrare quasi come se la vittima stesse scegliendo di agire in un determinato modo in maniera autonoma, ma non è affatto così. Per esempio, molte figure politiche usano il lavaggio del cervello per convincere un gruppo di persone a cooperare e seguire i loro piani. Che questo sia fatto attraverso campagne di sensibilizzazione o attraverso la propaganda, rimane pur sempre un modo per forzare un gruppo di persone a credere in qualcosa. Si tratta di uno strumento che si può utilizzare anche su individui in situazioni in cui si ha un contatto più stretto e anche in alcune relazioni personali. Alcuni credono che il lavaggio del cervello possa essere fatto anche con l'utilizzo di tecnologie, il che non è vero visto che il lavaggio del cervello è un'azione che agisce sulla mente umana. Se una persona subisce il lavaggio del cervello tramite la tecnologia, è perché il controllore o manipolatore sta usando questa tecnologia come strumento o piattaforma per far trasmettere il suo "messaggio". La manipolazione e il controllo mentale sono probabilmente i due modi più efficaci per far cadere un soggetto o una vittima nelle trappole di un controllore o manipolatore.

Generalmente, il risultato desiderato della manipolazione e il controllo mentale è che la vittima non creda più nei suoi fondamenti e si discosti dal suo essere. Separare la vittima da tutto ciò che può causa vulnerabilità, rendendo più facile per il controllore o manipolatore ottenere ciò che vuole. Non appena la vittima diventa vulnerabile, diventa automaticamente suscettibile alle intenzioni e alle idee del controllore o del manipolatore. La vittima o le vittime crederanno a quasi tutto ciò che viene loro imposto senza valutare che sono delle vittime di controllo mentale o di manipolazione. La maggior parte di questi controllori e manipolatori elogiano la vittima quando adotta queste nuove idee. E proprio perché sono vulnerabili seguiranno una valutazione che li spingerà a mantenere la sensazioni di ricevere delle ricompense per essersi comportati in un determinato modo o per aver creduto in qualcosa di particolare.

In quella situazioni si ridurranno ad avere uno stato emotivo che li rende vulnerabili prima che possano conoscere nuovi concetti. Mentre il soggetto assorbe queste nuove informazioni, sarà ricompensato per esprimere idee e pensieri che seguono le opinioni che gli sono state inculcate. Per rafforzare il lavaggio del cervello vengono offerte delle ricompense (Stines, 2019). Storicamente, il lavaggio del cervello è uno strumento molto efficace da utilizzare durante le guerre. Quando qualcuno, indipendentemente dal suo ruolo nella guerra, veniva catturato veniva spogliato di tutte le credenze che poteva avere per spingerlo a cooperare completamente. Solitamente questo aspetto si riusciva a raggiungere tramite la tortura fisica, una tattica che serviva ad "ammorbidire" la vittima fino al punto in cui non aveva altra scelta se non seguire alcune regole e credenze che gli erano state imposte. E anche se questa tattica ha tuttora un impatto su molte persone che vivono una guerra, non è più una situazione comune come in passato. Solitamente al giorno d'oggi chi pratica il lavaggio del cervello utilizza strumenti psicologici piuttosto che fisici. Fortunatamente, il lavaggio del cervello è un processo che richiede tempo e spesso è impegnativo e deve essere eseguito abbastanza bene per poter funzionare. Per esempio, una persona con cui non si ha mai formato un legame o la cui esistenza non ha alcun significato per il controllore, dovrà passare attraverso vari processi per poterla manipolare. Questo significa in definitiva che bisogna che ci sia una sorta di "relazione" o legame tra il controllore o manipolatore e la vittima.

Il lavaggio del cervello richiede che la vittima o le vittime siano isolate o allontanate da ciò che le è familiare per poter penetrare efficacemente nelle loro menti. Quando sono intorno a persone o ad altri generi di influenze, può essere piuttosto difficile forzare di avere una certa mentalità perché possono cambiare opinione abbastanza facilmente o persino rendersi conto di ciò che stanno subendo fin dall'inizio. Questo vanifica l'efficacia e lo scopo del concetto di inganno e controllo mentale, visto che potrebbe essere decostruito e ignorato dalla vittima. Quando il soggetto o la vittima si trova in uno stato di isolamento, il processo che lo fa allontanare dalle sue convinzioni fondamentali diventa più semplice.

Nella maggior parte dei casi, la vittima può essere manipolata o le verrà fatto il lavaggio del cervello per farle credere che è nel torto e che il suo comportamento o le sue reazioni cognitive non sono quelle ideali per lui. Quando la vittima attraversa un processo in cui si sente in torto inizierà a sentire di essere avvolto dalla sensazione di senso di colpa, una situazione che il controllore è riuscito a innescare. Il controllore o manipolatore userà questo tempo o senso di colpa contro il soggetto o la vittima per inculcare nella sua mente le convinzioni che desidera. La vittima molto probabilmente crederà anche che le scelte e le convinzioni che sta iniziando ad adottare sono basate sul libero arbitrio e sulle proprie decisioni, quando in realtà sono basate su quelle del controllore o del manipolatore. Il processo di controllo e manipolazione mentale è lungo e noioso e può richiedere anche anni per riuscire a raggiungere il suo pieno potenziale e distruggere completamente la mente della vittima.

Tecniche di manipolazione e controllo mentale

Secondo la psicologa clinica Margaret Singer, ci sono sei condizioni in cui una persona deve essere sottoposta che permettono di praticare il controllo mentale (Stines, 2019).

La vittima è tenuta all'oscuro e non è consapevole di essere costretto a dover cambiare. Queste vittime sono costrette mentalmente a cambiare i propri comportamenti per raggiungere i risultati desiderati dal controllore o manipolatore. In definitiva, l'obiettivo finale è quello di ottenere il controllo e il potere su una situazione, circostanza o vittima per soddisfare i bisogni o i desideri del controllore o manipolatore.

Si tratta anche di un controllo dell'ambiente fisico e sociale delle loro vittime in modo da fornirgli alcune regole da seguire, incarichi o faccende da fare e vari compiti da completare per tenerle lontane mentalmente e fisicamente dalle possibili influenze esterne. Queste regole e compiti implementano anche un senso di leadership o, addirittura, di dittatura nei confronti vittima, e questa sarà spesso timorosa di deludere il suo controllore o manipolatore.

Ma la vittima dovrà anche sentirsi impotente per cedere alle strutture che gli vengono imposte. Di solito il manipolatore la spinge oltre alle proprie aree di comfort in cui la vittima si sente sicura e le vengono tolti i sistemi di supporto. La vittima perde la sua identità, la sua fiducia, e nella mente inizia a sentirsi un profondo senso di impotenza. Questo è anche il metodo che permette di distruggere l'intelletto della vittima o del soggetto. La loro visione della realtà diventa instabile e qualsiasi altro influenzatore viene demonizzato e ostracizzato. Questo rende la vittima ancora più timorosa di allontanarsi dalle convinzioni o dagli impegni che gli sono stati imposti dal manipolatore.

Come ho già detto, durante questo processo viene implementato anche un processo simile a quello di premi e punizioni. Solitamente si tratta di un sistema legato all'agenda del manipolatore o del controllore e ha l'obiettivo di spezzare ulteriormente il soggetto o la vittima, cercando di privarlo di qualsiasi individualità e pensiero indipendente che possa ancora avere. Ogni volta che la vittima mette in discussione o si allontana da queste credenze e comportamenti forzati, viene punita e umiliata per mantenerla "in linea" con l'obiettivo desiderato dal manipolatore o controllore. In questi casi la vittima subirà anche degli insulti da parte del manipolatore. Ad esempio, gli si instaurerà un sentimento di rifiuto e disapprovazione. Ogni volta che la vittima si allontana dal percorso le viene fatto credere che c'è qualcosa di sbagliato in lei. E la conseguenza è un forte senso di colpa e di rimpianto. Si tratta di uno stato di vulnerabilità per la vittima che si inizia a sentire sola e probabilmente cercherà conforto nelle lodi del manipolatore.

Solitamente il processo funziona come una piramide e si basa su concetti autoritari. Il leader sarà la persona che mette in atto il processo di controllo e manipolazione, proprio perché è la persona che ne beneficerà. Questa struttura imposta dall'alto verso il basso ha l'obiettivo di far sentire alla vittima l'autorità che il manipolatore esercita su di lui, spingendolo a cercare di compiacerla in funzione del suo status o ruolo. Il "leader" approverà e disapproverà anche certi comportamenti, rendendolo il comandante della prigione mentale in cui è riuscito a rinchiudere le vittime.

Ecco alcuni motivi per cui le persone diventano controllori o manipolatori :

● Hanno la necessità di spingere le proprie motivazioni e guadagni individuali a qualsiasi costo soprattutto ai danni di altre persone.

● Hanno anche un forte bisogno di realizzare sentimenti di intenso potere e predominio nei confronti degli altri.

● Desiderano e hanno bisogno di sentirsi responsabili e provano il desiderio di aumentare un sentimento di controllo e potere sugli altri per essere in grado di acquistare fiducia in se stessi.

● Piano sotto copertura, criminale o qualcosa di simile compreso il controllo delle ricchezze di una persona (si tratta di una situazione usuale quando le persone anziane o incapaci di intendere e di volere non sono protetti sono colpiti per il solo motivo di ottenere il loro patrimonio).

● Difficoltà di relazionarsi con sentimenti fondamentali o normali, responsabilità e paura d'impegnarsi. Questo comporta una legittimazione. Il colpevole non controlla le sue emozioni in maniera intenzionale, ma cerca di convincersi della debolezza dei propri sentimenti).

- Assenza di controllo su comportamenti avventati e ostili e pratica un controllo preventivo o controllo tradizionalista o una manipolazione per la propria immagine personale.

Capitolo 2:
La triade oscura

La triade oscura

La triade oscura comprende i tre tratti della personalità o disturbi mentali conosciuti come narcisismo, machiavellismo e psicopatia. Si definisce come triade oscura per le minacce che possono portare queste tre caratteristiche. La triade oscura è un argomento ben noto nella psicologia oscura perché è alla base della manipolazione, del controllo mentale e della persuasione. Si crede che le persone che possiedono questi tratti siano problematiche e possano rappresentare una minaccia per la società. Si tratta di persone che si battono per essere compassionevoli, piacevoli ed empatiche verso gli altri e in alcuni casi ignorano di avere difetti e mancanze. L'egoismo e la mancanza di attenzione nei confronti del benessere del prossimo sono aspetti caratteristici della loro personalità; questo è anche ciò che li rende così bravi nella manipolazione, nell'inganno e nella persuasione. Si tratta di aspetti che si possono sovrapporre, ma rimangono comunque ben distinti l'uno dall'altro. Il narcisismo si basa sull'egoismo, l'orgoglio e la mancanza di empatia. Il machiavellismo è noto per il comportamento manipolativo che tende a sfruttare gli altri, l'egoismo è legato alla crudeltà e alla mancanza di moralità. La psicopatia è identificata come un comportamento antisociale, la mancanza di emozioni, la mancanza di rimorso e ad alti livelli di comportamento impulsivo. In questo capitolo discuteremo i tre tratti della triade oscura e li analizzeremo per capire quali sono le persone che solitamente vengono trattate nella psicologia oscura.

Narcisismo

Il narcisismo, noto anche come l'auto-assorbimento patologico, è stato riconosciuto come un disturbo mentale da Havelock Ellis nel 1898. Ellis era un saggista e medico. I narcisisti sono classificati come persone che hanno un'immagine distorta di se stessi e spesso si considerano persone straordinarie che sono al di sopra di qualcun altro. Si tratta di persone estremamente inclini a sfruttare le altre persone e che si approfittano di loro per il proprio guadagno. Si dice anche che i narcisisti reagiscono male quando il loro ego o la loro immagine viene minacciato in qualsiasi modo, e fanno anche fatica a mantenere la loro compostezza quando questo accade. Il narcisismo prende il nome da una figura mitologica conosciuta come Narciso, che ammirava e adorava il suo stesso riflesso, arrivando a innamorarsene. Nel suo lavoro, Sigmund Freud ha affermato che il narcisismo è una fase normale nello sviluppo di una persona quando è un bambino. Tuttavia, è considerato un disturbo mentale quando riemerge o rimane dopo che una persona ha attraversato la pubertà (Rhodewalt, 2020).

Il disturbo narcisistico di personalità dovrebbe essere diagnosticato e, se necessario, trattato attraverso la valutazione e il trattamento clinico. Tuttavia, essere un narcisista non è sempre considerato un disturbo mentale o identificato come un problema nella vita di alcune persone. Il disturbo narcisistico di personalità è definito come una tipologia di personalità in cui si pensa di avere una certa grandiosità, ma si va alla ricerca di attenzione e con tratti anormali della personalità. Questa definizione è descritta nella quinta edizione del Manuale statistico e di diagnostica dei Disturbi Mentali, noto anche come DSM (Rhodewalt, 2020). Le persone che hanno un disturbo narcisistico di personalità spesso si considerano come esseri umani straordinari e mancano, in larga misura, di empatia verso gli altri. Tendono anche ad avere meno relazioni normali nella loro vita a causa del loro bisogno di appagamento o di spinta verso l'autostima da parte di altre persone. Questi tratti rimangono relativamente invariati nel tempo e non sono necessariamente unici di una condizione medica o della fase di sviluppo di una persona. Esistono anche versioni meno estreme del narcisismo e in questo caso si parla di personalità narcisistica e non di disturbo. Si tratta di persone che hanno la maggior parte dei tratti delle persone che soffrono dello stesso disordine, ma che hanno comportamenti meno estremi e hanno tratti di semi-normalità per quanto riguarda la loro personalità.

Le persone che mostrano segni di disturbo narcisistico di personalità sono praticamente ossessionate dal tentativo di mantenere un'immagine di sé sproporzionatamente positiva e possono diventare ossessionate dal ricevere riscontri positivi su quello che pensano altri di loro. Questo genere di riscontri da parte degli altri è estremamente importante per loro, e ogni volta che non ricevono questo genere di risposte reagiscono con un comportamento estremo. E la stessa reazione la possono avere anche quando ricevono un riscontro positivo, mostrando un comportamento quasi maniacale e tendono a essere estremamente colpiti da qualsiasi opinione o commento diretto nei loro confronti o che riguardi la loro immagine. I narcisisti sono conosciuti per essere in grado di manipolare e ingannare gli altri nel tentativo di creare una buona opinione di sé. Sono dipendenti dagli altri per cercare di mantenere una buona immagine di sé e rischiano di crollare se non ricevono l'attenzione di cui hanno bisogno.

Per riconoscere un narcisista, bisogna tenere d'occhio il suo comportamento e il modo con cui si rivolge alle altre persone. I narcisisti parlano anche molto bene di se stessi e non sentono la necessità di mettersi mai sotto esame. L'arroganza e la superiorità artificiale sono due dei tratti che si notano per primi quando si incontra un narcisista o qualcuno che ha tendenze narcisistiche. Tuttavia, è importante ricordare che non tutti coloro che hanno fiducia di sé possono essere considerati dei narcisisti. Ed è anche vero che i narcisisti non hanno necessariamente fiducia in sé stessi. Ed è proprio per questo che hanno bisogno di avere dei riscontri positivi da parte degli altri, perché è probabile che soffrano di una bassa autostima, anche se mostrano un atteggiamento di estrema fiducia. Tutti gli umani sono complessi e anche se può sembrare facile identificare questi tratti e classificare qualcuno e creare la sua personalità, non sempre le valutazioni sono accurate. Spesso ci possono volere anni di valutazione e analisi per identificare un narcisista. Un aspetto che li distingue dalle personalità normali è la loro mancanza di empatia nei confronti degli altri.

Machiavellismo

Il machiavellismo è principalmente conosciuto come un tratto di personalità legato alla manipolazione e all'inganno. Si tratta di una persona che ha anche una certa visione della natura umana che tende più al lato cinico e si tratta di una personalità nota per essere fredda e calcolatrice nei confronti degli altri esseri umani. È una personalità descritta per la prima volta da Christie e Geiss nel 1970 ed è stata descritta come una proiezione del pensiero di Niccolò Machiavelli, scrittore e filosofo italiano. Un autore legato alla psicologia a causa delle sue vedute politiche che si presentavano come astute, ingannevoli e calcolate. Secoli dopo il suo nome è stato aggiunto alla triade oscura a causa delle somiglianze del suo pensiero con la psicopatia e il narcisismo e per dare un nome al disturbo di alcune persone che non potevano essere considerate narcisistiche o psicopatiche, ma che riflettevano le opinioni e le credenze di Niccolò Macchiavelli (Taylor, 2018).

Rispetto al machiavellismo, il narcisismo prevede una prospettiva sgargiante e gonfiata su se stessi, un fascino superficiale e carenze nella capacità di considerare gli altri. La psicopatia è un aspetto caratteriale che include tratti sociali selvaggi, sconsiderati e ritirati, menzogne, imbrogli e negligenza insensibile verso gli altri che in alcuni casi possono rasentare l'ostilità e la cattiveria. Machiavellismo, narcisismo e psicopatia condividono alcune caratteristiche e tratti, indicati come il "centro della Triade Oscura". Queste caratteristiche o tratti incorporano un effetto superficiale e un legame entusiastico scarso con le altre persone, un modo egocentrico di affrontare la vita, carenze di simpatia o empatia, e bassi gradi di affidabilità e modestia. Il machiavellismo è un attributo piuttosto particolare. Il machiavellismo di una persona è calcolato con il questionario MACH-IV. Chi ottiene un punteggio alto in questo genere di test può essere definita "machiavellica" (Taylor, 2018).

I machiavellici usano la menzogna, l'imbroglio e l'inganno per ottenere ciò che vogliono e raggiungere i loro obiettivi. Non hanno bisogno o desiderio di connettersi o legarsi emotivamente a qualcuno e i loro sentimenti ed emozioni sono piuttosto superficiali. Questo è il motivo per cui sono così a loro agio o quasi apatici all'idea di danneggiare o ingannare qualcuno per ottenere ciò che vogliono da loro. Il machiavellismo è un tratto molto pericoloso per gli individui, perché di solito sono molto freddi, astuti, ambiziosi e calcolatori. Non hanno bisogno di mostrare necessariamente delle certezze, per loro l'importante è riuscire a raggiungere il successo in qualsiasi cosa facciano. Le loro convinzioni sono estremamente problematiche, e tendono a ingannare o manipolare gli altri solo per raggiungere il loro obiettivo. E a causa dell'estrema mancanza di empatia si possono considerare simili alle altre due personalità della triade, con cui condividono anche la capacità di godere nel ferire gli altri per ottenere un guadagno personale.

Potremmo essere tentati di pensare che l'empatia abbia un singolo componente, ma non è così. L'empatia ha due diversi componenti; l'empatia calda di solito propende più per l'empatia emotiva, mentre l'empatia fredda propende più per l'empatia cognitiva. L'empatia fredda porta a comprendere quello che pensa una persona e come questa si potrebbe comportare in una determinata situazione e cosa potrebbe accedere se fosse anche lei coinvolta. Quando ci affidiamo all'empatia fredda, lo facciamo principalmente per capire o prepararci a ciò che una persona potrebbe fare o pensare in una certa situazione, soprattutto quando stiamo per vivere una situazione o evento negativo e potenzialmente dannoso. Quando entra in gioco l'empatia calda, solitamente, consideriamo come si possa sentire una persona in una determinata situazione o evento e come questo lo possa influenzare. L'empatia calda di solito permette di cambiare il modo in cui parliamo agli altri o ci comportiamo perché consideriamo i loro sentimenti ed emozioni (Taylor, 2018). I machiavellici sono in grado di sperimentare l'empatia fredda, ma non sperimentano mai l'empatia calda verso gli altri. Potrebbero essere consapevoli di come potrebbe comportarsi, pensare e sentirsi una persona in un dato momento, ma raramente mostrano segni di attenzione o considerazione verso di lei; in questi casi c'è l'assoluta mancanza di empatia calda, un tratto tipico della personalità machiavelliana. Non si preoccupano delle conseguenze delle loro azioni o dell'effetto che possono avere sugli altri, anche se sono pienamente consapevoli di quanto questo possa essere distruttivo e doloroso per quella persona.

La ricerca suggerisce che alcuni machiavellici potrebbero non mancare completamente di empatia calda. Potrebbero anche essere in grado di capire i sentimenti o lo stato emotivo di un altro essere umano, ma hanno un livello di apatia verso questo aspetto e semplicemente non gli importa (Taylor, 2018). Potrebbe esistere una categoria di machiavellici che possono ignorare completamente l'empatia, nel senso che hanno consapevolezza di star danneggiando una persona con l'inganno o la manipolazione, ma limitano le loro reazioni quando devono rispondere al danno che hanno causato. Secondo Taylor (2018), gli psicologi evolutivi considerano questo aspetto come vantaggioso per queste persone perché non hanno alcun freno o spinta da parte della loro coscienza quando si tratta di ottenere ciò che vogliono o raggiungere qualcosa che porta alla caduta di qualcun altro. Possono fingere empatia o fingere che gli importi qualcosa, ma spesso trovano un modo per evitare che si addossi la colpa o la responsabilità delle loro azioni attraverso una maggiore manipolazione o in alcuni casi, negando. I machiavellici sono pericolosi a causa della loro apatia verso i sentimenti e le emozioni degli altri. Non si preoccupano di infliggere traumi o danni alla vita o al benessere degli altri. Tutto ciò che gli interessa è il proprio guadagno e i vantaggi che ne possono derivare. La loro ambizione è quasi invidiabile per la capacità che hanno di avere successo senza provare alcun rimorso o rimpianto.

Psicopatia

Quando pensiamo agli psicopatici, spesso li associamo a persone che hanno commesso crimini estremamente violenti come aggressioni o addirittura omicidi. La maggior parte dei criminali che commettono questi crimini violenti per ragioni che vanno oltre il denaro o altri guadagni materiali sono diagnosticati o identificati come psicopatici a causa del loro desiderio di danneggiare fisicamente un altro essere umano. Tuttavia, è importante ricordare che non tutti gli psicopatici sono assassini. Ci sono dei casi di psicopatici che sono inseriti nella società e sembrano abbastanza "normali". Non tutti gli psicopatici agiscono seguendo i loro impulsi, e non tutti gli psicopatici sono necessariamente violenti. Tuttavia, possiedono dei tratti della loro personalità che possono indurre a pensieri e comportamenti violenti. Che si tratti di violenza fisica o emotiva, sono un po' più inclini ad agire sul loro bisogno o desiderio di infliggere dolore ad un'altra persona o entità vivente.

La psicopatia è di solito un disturbo categorizzato dall'incapacità di una persona di utilizzare le proprie emozioni e spesso è associata a intensi deficit o carenze emotivi. Gli manca la capacità di provare qualsiasi forma di colpa o empatia nei confronti degli altri e mostrano pochi o nessun segnale di rimorso quando arrecano dolore o un danno a un'altra persona o essere vivente. I tratti della loro personalità sono strettamente legati al comportamento antisociale, e il disturbo è evolutivo. Questo significa che sperimentano questi tratti fin dalla prima infanzia, e non è qualcosa che necessariamente riescono a variare con la crescita. Ci vuole una grande quantità di trattamenti e interferenze psicologiche per evitare che queste personalità continuino ad avere questo disturbo in età adulta. A causa dell'ignoranza e della negazione di questo genere di disturbo, la maggior parte degli psicopatici non vengono diagnosticati o trattati in tempo e in alcuni casi non sono mai curati. Questo fa sì che commettano nuovamente reati o che sviluppino gravi comportamenti psicopatici man mano che crescono. È raro che si ritenga accettabile diagnosticare un bambino che soffre di questo disturbo a causa del rifiuto della società e dei possibili danni che rischierebbe di subire (James & Blair, 2013, p. 189). L'individuazione precoce dei tratti o delle tendenze psicopatiche potrebbe predire il futuro comportamento violento o addirittura criminale. Visto che gli psicopatici sono inclini a commettere altri reati, una diagnosi precoce potrebbe ridurre il rischio di questi comportamenti. Purtroppo, nella maggior parte delle persone che soffre di questo disturbo non avviene nulla di tutto questo.

Quando consideriamo gli adulti che soffrono di questo disturbo possiamo immediatamente rilevare una varietà di deficit emotivi. Riescono a fornire una risposta limitata o nulla quando incontrano qualcuno che soffre o è in difficoltà, indipendentemente dal fatto che siano stati loro a infliggere questo dolore o questa difficoltà. Ciò significa che non mostrano alcun segno di rimorso involontario verso un altro essere. Gli psicopatici possono riconoscere espressioni emotive come rabbia e disgusto abbastanza facilmente, proprio come le personalità "normali". Fanno fatica a riconoscere le espressioni che mostrano segni di dolore o paura. Le espressioni emotive che mostrano segni di paura, tristezza e felicità sono, quindi, più difficili da riconoscere per loro, mentre sono più facili da riconoscere la rabbia e il disgusto(James & Blair, 2013, p. 189). Questo è interessante, considerando che fanno fatica a mostrare alcun rimorso, il che significa che in definitiva potrebbero essere incapaci di riconoscere il dolore o la paura nelle altre persone. A differenza dei machiavellici, che riconoscono queste sensazioni, ma non se ne preoccupano, gli psicopatici non riconoscono o fanno fatica a riconoscere quello che provano gli altri.

È stato anche dimostrato che gli psicopatici fanno fatica a rispondere in maniera normale a un condizionamento aversivo, il che significa che hanno meno probabilità di mostrare una reazione involontaria a stimoli associati a shock o traumi. Mostrano anche un'estrema difficoltà nel praticare il processo decisionale rinforzato, il che dimostra la loro mancanza di disciplina e la loro riluttanza a cooperare in situazioni in cui viene detto loro cosa fare o come comportarsi (James & Blair, 2013, p. 189). Gli psicopatici tendono anche a provare piacere quando infliggono dolore o fanno provare angoscia agli altri a causa della loro profonda incapacità di riconoscere il dolore o la sofferenza di un'altra persona, rendendoli altrettanto, se non di più, incapaci di provare empatia verso gli altri, proprio come i machiavellici e i narcisisti. È importante notare che i manipolatori o i controllori potrebbero non essere legati a una sola delle tre personalità o disturbi che si trovano nella triade oscura. È possibile che qualcuno possa avere dei tratti sovrapposti. È anche possibile che ci siano persone che mostrino tratti di tutti e tre i casi in momenti o situazioni differenti. Una cosa certa, riguardo a tutti e tre questi disturbi o personalità, è il fatto che la manipolazione e il controllo sono comportamenti che tutte queste personalità trovano inevitabile.

Parte II:

Proteggersi dalla psicologia oscura

Capitolo 3:

Tratti comportamentali di una vittima

Caratteristiche delle vittime

I manipolatori abili sono in grado di manipolare quasi chiunque. È importante riconoscere che chiunque può essere vittima della manipolazione e che le vittime non sono necessariamente persone più deboli o inferiori. I manipolatori possono affondare i loro denti in chiunque si trovi in una determinata situazione. Il livello di manipolazione può essere calcolato anche in base alla relazione che esiste tra il bersaglio e il manipolatore. Non c'è una persona su questa terra che non abbia ceduto alla manipolazione - e non c'è una sola persona viva che possa affermare con assoluta sincerità che non sia mai stata manipolata; la manipolazione è un atto umano molto comune. Tuttavia, la manipolazione legata alla psicologia oscura è di solito calcolata, insensibile e crudele. Causa gravi danni alla vita delle sue vittime e ha un forte impatto mentale sulle persone che ne sono colpite.

Mentre un controllore o manipolatore di talento può utilizzare e praticare il controllo emotivo su quasi tutti, ci sono alcuni soggetti e tratti comuni a cui sono interessati i manipolatori. Gli individui che basano la loro autostima sul cercare di soddisfare le richieste di altri sono una scelta tipica per diventare una vittima o un bersaglio. I controllori e i manipolatori sono attratti da questo tipo di individui perché si tratta di persone tutt'altro che difficili da controllare, non è difficile individuarne i loro difetti e le debolezze. Avendo l'obiettivo di soddisfare le aspettative degli altri per sentirsi amati questo genere di persone può cedere facilmente alla manipolazione. Le persone che fanno fatica ad accettare la disapprovazione degli altri e il fatto di essere respinti sono un altro ottimo bersaglio per i controllori e i manipolatori. Se pensi di essere una persona che preferisce evitare il conflitto o il confronto potresti essere a rischio di lasciare che un manipolatore faccia quello di cui ha bisogno senza rischiare alcuna ripercussione.

Le persone che hanno difficoltà a comunicare i sentimenti negativi eviteranno regolarmente il conflitto e il confronto e cercano, a prescindere, di mantenere un rapporto civile. I controllori e i manipolatori cercano questi individui perché l'intimidazione potrebbe essere l'unico strumento necessario per ottenere ciò di cui hanno bisogno o che vogliono dalla vittima. Gli individui che provano un senso d'impotenza verso se stessi e soffrono di un'autostima estremamente debole, spesso hanno problemi e si separano dal manipolatore o dal controllore. Questo rende particolarmente difficile confidare nei propri sentimenti o accontentarsi di scelte che possono appagare. I controllori e i manipolatori apprezzano queste caratteristiche perché implicano il fatto che possano fare un tentativo per ottenere quello che stanno cercando.

Sono diverse le caratteristiche che cercano i manipolatori e i controllori per ottenere quello che vogliono per evitare di mettersi in pericolo o che debbano impegnarsi troppo. Per avere successo nella loro missione, devono affondare i denti nelle vittime che hanno certe caratteristiche come quelle presenti nella lista seguente.

1. La vecchiaia è diventata qualcosa di cui un manipolatore o controllore può facilmente abusare. Con l'avanzare dell'età, la nostra mente si affatica e diventiamo più inclini alla manipolazione. Anche se questo non è vero per tutti sono molte le persone anziane che cedono a una storia drammatica che i manipolatori spesso usano come tattica. Sfortunatamente, le persone anziane tendono anche ad essere facili vittime perché non hanno più un forte senso di sé o un sistema di supporto intorno a loro.

2. Le persone che sono più ingenue di altre saranno dei facili bersagli per controllori e manipolatori a causa della loro impressionabilità. Di solito si tratta di facili prede per una visione quasi infantile e raramente riescono a riconoscere alcuni pericoli. I manipolatori che sono particolarmente affascinanti e intraprendenti traggono particolare vantaggio dal prendere di mira gli ingenui e gli impressionabili. Anche le persone solitarie nel corso del tempo diventano bersagli più facili, specialmente se non sono soli per scelta. Man mano che una persona diventa sempre più introversa tende ad avere un bisogno più forte di amore, di compagnia o anche di un semplice contatto umano. I manipolatori spesso riescono a ottenere quello che vogliono da queste vittime in cambio della loro presenza e "attenzione". Nella maggior parte dei casi, si tratta di un guadagno materialistico o addirittura finanziario, il

che significa che la loro compagnia ha un prezzo pesante.

3. Gli altruisti sono l'esatto opposto degli psicopatici e sono noti per essere estremamente onesti, giusti ed empatici verso gli altri anche se non devono loro nulla. Il loro altruismo li rende facili bersagli, e la loro incapacità di riconoscere il "male" nelle persone agisce come una benda sugli occhi in certe situazioni. Anche le persone che sono estremamente frugali possono diventare facili vittime o bersagli perché incapaci di non accettare uno scambio che sembra vantaggioso. Cadranno sempre nella truffa anche se sanno qual è il motivo dietro di essa. La negligenza e l'imprudenza possono essere dei fattori che i manipolatori e i controllori sfruttano. Le persone disattente e avventate prestano poca o nessuna attenzione alle ripercussioni o alle conseguenze delle loro azioni e scelte, rendendole vulnerabili alle azioni di controllori e manipolatori.

4. Le persone dipendenti e fiduciose nel prossimo tendono a cadere nelle tecniche di manipolazione a causa della loro incapacità di dire no. Fanno fatica a notare alcuni comportamenti perché sono estremamente fiduciose verso gli altri e spesso hanno paura di risultare antipatiche o rimanere sole. Hanno spesso bisogno di sicurezza e conforto, due cose che i manipolatori riescono a fingere molto bene. Anche le persone immature avranno gli stessi problemi a causa del loro giudizio alterato e dell'errata interpretazione della realtà. Il loro comportamento immaturo li rende bersagli facili che possono essere persuasi facilmente.

5. Gli individui impulsivi agiscono quasi immediatamente quando devono compiere delle scelte, siano esse buone

o cattive. Raramente pensano alle conseguenze e tendono a trascurare molte situazioni a causa della loro mancanza di pazienza e preparazione. Raramente consultano gli altri quando prendono decisioni improvvise, il che potrebbe spesso condurli a correre situazioni pericolose che potrebbero essere sfruttate dai manipolatori e controllori per entrare nelle loro vite.

6. Le persone che preferiscono seguire il lato materialista e avido delle cose spesso cadono vittima di truffe finanziarie e giochi mentali. Il loro bisogno di avanzare velocemente nella vita li acceca e questo può persuaderli a fare scelte discutibili basate sui risultati finanziari e su situazioni materialistiche. Tendono anche ad agire in maniera immorale a causa del loro bisogno e desiderio di gratificazione finanziaria e sociale. Le persone masochiste generalmente mancano di autostima e rispetto. Permettono alle persone di abusare di loro a causa della loro mancanza di autostima e spesso vanno incontro alla sofferenza perché sentono di meritarla. Purtroppo, queste persone sono vittime semplici e subiscono abusi abbastanza facilmente da manipolatori e controllori.

Non tutti gli individui che rientrano in queste categorie possono essere considerati automaticamente delle vittime; alcuni sono abbastanza fortunati da essere istruiti e consapevoli della manipolazione che stanno subendo e possono evitarla. Questo libro può anche insegnare alle persone che possono essere ricondotti a questi tratti a proteggersi dai manipolatori e dai controllori. La maggior parte delle persone potrà notare che alcune delle caratteristiche descritte sono vere per loro, ecco perché questo libro è una grande risorsa per educare se stessi riguardo alla psicologia oscura e alle sue pratiche.

Aree importanti della nostra vita che ci rendono vulnerabili alla manipolazione

Sono numerose le aree della nostra vita che coinvolgono il nostro stato mentale ed emotivo che ci rendono estremamente vulnerabili alla manipolazione. Che si tratti di una debolezza emotiva, situazionale o circostanziale un manipolatore sarà pronto a sfruttare la nostra vulnerabilità. È importante tenere d'occhio le nostre debolezze per proteggerci dalla malvagità di manipolatori e controllori. Secondo Braiker (2004) sono diversi i punti che i manipolatori cercano di sfruttare nelle loro vittime:

● La necessità di accontentare tutti, indipendentemente dalle conseguenze che potrebbe avere la vittima.

● Il bisogno di approvazione, di essere apprezzati e di essere accettati dagli altri.

● La paura di esprimere emozioni negative come rabbia, disapprovazione, impazienza e frustrazione.

● L'incapacità di avere un approccio assertivo e di rifiutare le offerte o le proposte di altri ed evitare di pronunciare la parola "no".

● Confini personali labili o inesistenti e scarso senso di identità.

● Non poter fare affidamento su se stessi e non sentirsi a proprio agio nel proprio corpo.

- Incapacità di esercitare l'autocontrollo e spesso non essere in grado di aiutare se stessi a entrare o uscire da una determinata situazione.

Queste aree sono solitamente le principali ed evidenti vulnerabilità che abbiamo nella nostra vita. È importante essere consapevoli di queste vulnerabilità per trasformare le circostanze in opportunità e capacità invece che in battute d'arresto e vulnerabilità. Essere consapevoli delle proprie carenze e debolezze aiuta, perché per evitare che si possa subire una manipolazione, bisogna essere istruiti sull'argomento ed essere vigili nel momento in cui si viene a contatto con certi individui o situazioni. Non tutti si troveranno nelle stesse situazioni, ma queste vulnerabilità tendono ad attirare narcisisti, machiavellici e psicopatici. Sanno cosa possono ottenere prendendo di mira certi individui che stanno lottando con certe situazioni. Se la vittima diventa più consapevole delle proprie vulnerabilità, diventa immediatamente più attrezzata per disinnescare il potere e il controllo che le sue debolezze possono avere. Le vittime spesso se ne rendono conto troppo tardi, ma essere consapevoli dei propri problemi personali e mentali e agire effettivamente per cercare di risolverli può impedire ai manipolatori e ai controllori di poter entrare nelle loro vite.

Capitolo 4:

Prevenzione e protezione contro la manipolazione

Come evitare la manipolazione

Essere vigili

Potrebbe sembrare ovvio, ma spesso dimentichiamo di prestare attenzione alle persone che ci stanno dedicando, effettivamente, attenzione. Invece di gioire che ci sia qualcuno che ci dedica attenzione, è molto più saggio osservare il comportamento che tengono nei nostri confronti e cosa ci stanno dicendo e cosa si tengono per sé. Per esempio, se qualcuno cerca costantemente di lusingarci, in realtà, potrebbe volere qualcosa da noi. O se qualcuno continua a tenerci nascoste informazioni importanti che dovrebbero essere discusse in qualsiasi momento si potrebbe considerare questa situazione come un potenziale pericolo. Avere consapevolezza dei comportamenti caratteristici di un manipolatore ti darà una migliore possibilità di individuare la differenza tra chi è sincero e chi ci vuole ingannare. Potrai abbassare la guardia quando sarai certo che questa persona ha buone intenzioni e non ha alcuna intenzione di farti del male di proposito o per il proprio vantaggio.

Rispetta te stesso e il tuo tempo

Le persone che hanno una bassa autostima e poco rispetto per se stesse e per il proprio tempo spesso possono cadere nelle trappole dei manipolatori e dei controllori. Quando questo accade, di solito è perché la vittima ha paura di avvicinarsi al soggetto o non vuole dirgli di no per la paura di essere lasciata sola. Quando si rispetta se stessi, si diventa automaticamente un bersaglio più difficile perché una persona che ha una buona autostima sarà naturalmente più incline a proteggere se stessa e sarà più difficile penetrare la sua mente. Quando si ha rispetto del proprio tempo, in un certo modo, si evita il rischio di incontrare questo genere di persone. È importante stabilire questo tipo di limiti per se stessi al fine di evitare le persone tossiche. Per esempio, se non volessi passare del tempo con qualcuno potresti iniziare a esercitarti a dire di no. Potresti anche valutare come vieni trattato da qualcuno e utilizzare quello che hai capito come uno strumento per misurare quanto vale nella tua vita. Se qualcuno ti ha ferito o ti ferisce regolarmente i tuoi sentimenti, dovresti cercare di evitarlo il più possibile. Questo metodo ti insegnerà a essere resiliente e a vivere per te stesso e non per gli altri.

Fai attenzione a essere gentile

Non c'è niente di sbagliato nell'essere gentili, ma è importante comprendere la differenza tra la gentilezza e l'essere un pollo. Non devi essere scortese, ma puoi comunque essere assertivo. L'assertività è una caratteristica che dimostra forza e tenacia, aspetti che ti renderanno un obiettivo più difficile per i manipolatori e i controllori. Dì no quando non vuoi partecipare a qualche cosa e mantieni la tua decisioni. Non devi essere d'accordo con tutti per essere gentile. La gentilezza non deve significare debolezza o obbedienza. Puoi ancora essere gentile senza essere "troppo gentile". Qualcuno che ha buone intenzioni e non ha alcun genere di mira dannosa non ti darà mai la colpa per aver fatto qualcosa e rispetterà i tuoi limiti o le tue decisioni. Tuttavia, i manipolatori cercheranno di persuaderti a ottenere ciò che vogliono e spesso agiranno gentilmente nei tuoi confronti, ma nel momento in cui inizi a rifiutare cambieranno il loro atteggiamento. Sii chiaro riguardo alle tue decisioni e cerca di fare cose che possano crearti un vantaggio.

Non mostrare segni di emozione troppo rapidi

Essere emotivi è una cosa molto umana. Tuttavia, le persone che mostrano le proprie emozioni troppo facilmente saranno spesso più facili da leggere e prevedere. I manipolatori amano questo genere di persone perché gli permette di creare dei piani che possano aiutarli a ottenere quello che vogliono. Puoi cercare di evitarlo rimanendo neutrale quando ci sono dei conflitti. Reagire in modo neutrale verso qualcosa darà l'impressione che tu non sia una persona facilmente influenzabile. E questo dà l'idea che tu possa essere un obiettivo difficile a causa della difficoltà di influenzarti emotivamente, si tratta di una tecnica che funziona anche se stai fingendo. Se ti accorgi che stai per reagire in maniera emotiva prova a guardare la situazione con un occhio estero e distraiti pensando a qualcos'altro. Puoi continuare a essere emotivo, ma assicurati di farlo vicino a persone di cui ti puoi fidare e non con qualcuno che vuole raggirarti.

Fare domande

Fare molte domande alla fine riuscirà a smascherare qualcuno che sta mentendo. Le persone che intendono ingannare gli altri o mentire agli altri raramente riescono a rispondere a una serie di domande e inizieranno a innervosirsi quando non saranno in grado di rispondere a queste domande o quando inizieranno a sentire che tu li stai giudicando. I manipolatori sono delle persone e si sentiranno a disagio se gli mostri che non credi ciecamente in quello che dicono. Non è sempre qualcosa semplice da fare, ma se mostri una certa incredulità farai sicuramente una certa impressione e li farai sentire più riluttanti a manipolarti. Fare delle domande a qualcuno, specialmente se si è di fronte ad altri, in un certo qual modo disarma il manipolatore e molto probabilmente lo farà sentire come se i ruoli si fossero ribaltati. Un narcisista, un machiavellico o uno psicopatico ama essere sempre al centro dell'attenzione, sicuramente non gli farà piacere essere messo in imbarazzo o interrogato.

Ascolta quando qualcuno ti avverte

Se qualcuno ti ha mai avvertito dei comportamenti di una persona o ti ha detto cose preoccupanti su un'altra persona, dovresti cercare di prendere nota di questi avvertimenti ed esserne consapevole in qualsiasi momento. Non è necessario che tu usi o adotti l'opinione di qualcun altro riguardo a una persona, sei tu che devi prendere una decisione, ma le azioni molto spesso parlano più delle parole. Presta molta attenzione alle cose di cui sei stato avvertito e cerca di mantenere un approccio neutrale. Se noti alcuni di questi segnali in qualcuno puoi cercare di evitarli o provare a guardare oltre. È molto importante rimanere sempre cauti e vigili, abbassare la guardia solo quando ti senti sicuro con la persona di fronte a te.

Il controllo mentale e la manipolazione psicologica possono avere delle ripercussioni terribili. Nella migliore delle ipotesi, potresti sentirti ferito o umiliato alla luce del fatto che hai scoperto di essere stato manipolato. Potresti sentire come se la tua vita fosse stata demolita. Potresti aver perso tempo, denaro o risparmi a causa del controllo. Nella remota possibilità che tu sia stato manipolato in maniera terribile per un periodo di tempo lungo, o se il controllo avesse degli effetti terribili potresti sentire gli effetti negativi di questa manipolazione. Si tratta di aspetti che possono causare problemi emotivi a lungo termine e rende difficile confidarsi con le persone in un secondo momento. Non c'è niente di sbagliato ad avere un punto di vista fiducioso nei confronti di altre persone e delle aspettative che riponiamo, tuttavia prova a limitare la tua fiducia aggiungendo una punta di dubbio nelle tue scelte. In seguito, potresti provare gratitudine per te stesso. Diffidare di certe persone o situazioni non ti rende una persona cattiva, e alcuni manipolatori potrebbero persino provare a farti sentire in colpa per non fidarti di loro, ma in questi casi è sempre meglio ascoltare il tuo istinto e quello che la tua coscienza ti sta cercando di dire. Qualcuno che ha delle buone intenzioni non cercherà di farti agire diversamente e capirà le tue azioni.

Difendersi dalla manipolazione

Una persona che incontra 100 persone al giorno molto probabilmente incontra più o meno 15 manipolatori. Solitamente queste 15 persone sono ingannevoli e non hanno la minima empatia, indipendentemente che siano narcisisti, machiavellici o psicopatici. Persone così le possiamo incontrare sul posto di lavoro a casa, sui social media o persino durante un viaggio. L'interazione regolare, in qualsiasi forma, con queste persone è estremamente pericolosa e dannosa per il proprio benessere e, come abbiamo già detto, può incutere un certo timore, considerando che si tratta di qualcosa molto più comune di quello che si possa pensare (Kirby, 2020). Le vittime di manipolazione o che sono controllate solitamente vengono sfruttate, trascurate, maltrattate, tradite e distrutte. Vivere o interagire regolarmente con qualcuno che ha un'influenza così negativa può avere conseguenze estreme e può avere un impatto significativo sulla salute mentale di una persona. La manipolazione emotiva può mettere a dura prova la vita di qualsiasi persona e i manipolatori non si preoccupano mai, non avendo neanche alcun genere di rimorso nei confronti delle loro vittime. Questo significa che queste ultime non ottengono quasi mai la giustizia che si meriterebbero.

Se si iniziano a riconoscere alcune di queste sensazioni nella propria vita potrebbe essere arrivato il momento di rivalutare la propria relazione e i legami con una certa persona. La maggior parte delle persone che lavorano nel settore della psicologia consigliano alle persone di eliminare immediatamente un manipolatore dalla propria vita. La psicologia oscura è un argomento estremamente intenso e il modo in cui questi manipolatori operano può essere piuttosto difficile da definire. Ogni aspetto che riguarda la mente umana è piuttosto complicato e presenta dei problemi. Eliminare qualcuno dalla propria vita potrebbe essere difficile, soprattutto se si tratta di una persona vicina. È facile smettere di seguire una persona sui social, ma è difficile e spesso angosciante dover tagliare i rapporti con qualcuno nella propria vita se hai un legame o una relazione con lui nel mondo reale. Tuttavia, è necessario limitare il modo in cui un manipolatore può avere accesso alla tua mente.

Stabilisci dei limiti e dei confini e non discostarti da quello che hai scelto. Non cercare di giustificare questi confini con nessuno. Cerca assistenza per costruire dei limiti e dei confini solidi in cui esistano dei punti in cui puoi interrompere qualcosa che stai vivendo e limita il numero di situazioni che un manipolatore o un controllore potrebbe utilizzare per danneggiarti. Cerca di capire la reale natura del loro carattere e il loro comportamento. Come ha detto la maestra ed esperta Martha Stout, puoi seguire la "Regola dei tre". Se sei stato ingannato da un adulto più volte, tre volte per l'esattezza, hai una solida indicazione della loro mancanza di empatia e coscienza. Indicare una via sbagliata è un punto fondamentale che indica un comportamento senza coscienza. (Kirby, 2020). Cerca di non aspettarti che questo atteggiamento possa cambiare e che possano diventare delle persone migliori.

Sii consapevole delle tue vulnerabilità e che invecchiando siano sempre peggiori. Ad esempio, se l'autore del reato innesca la tua tendenza all'autocritica e all'autocommiserazione fai affidamento ad altri membri della famiglia o ad amici che ti possano aiutare. Forse la tua vulnerabilità è la tua eccessiva empatia cadendo nel tranello di chi cerca la tua pietà. Secondo la Stout "il segnale più chiaro, il comportamento universale delle persone che non hanno scrupoli non è diretto, come ci si potrebbe immaginare, alla nostra paura, ma persevera nel cercare di conquistare la nostra empatia" (Kirby, 2020).

È necessario conoscere il loro carattere e comportamento reale. Come ha scritto la maestra ed esperta Martha Stout, puoi seguire la "Regola dei tre". Se sei stato ingannato da un adulto un determinato numero di volte, tre per l'esattezza, questo è un solido segno del fatto che non abbiano alcuna empatia e coscienza. Indicare un percorso sbagliato è un comportamento che dimostra la mancanza di coscienza. (Kirby, 2020). Quello che non ti devi aspettare è che queste persone possano cambiare e che possano diventare bravi individui.

Cerca di comprendere quali sono le tue debolezze e tienile sotto controllo. Ad esempio, se il manipolatore cerca di attivare la tua inclinazione ad auto colpevolizzarsi, cerca di parlare con parenti o amici che abbiano un approccio amorevole e premuroso nei tuoi confronti. Forse la tua debolezza è di essere eccessivamente premuroso e piegarti sempre alle necessità degli altri. Secondo Stout, in Kirby (2020), il segno più affidabile, il modo di comportarsi più chiara di un individuo disonesto non è coordinata, come ci si potrebbe immaginare, ai nostri punti di forza. Ma scelgono di puntare alla nostra compassione.

Costruisci connessioni stabili. Cerca di parlare con le persone con cui ti confidi e con amici fidati, cerca gruppi che ti possano aiutare a evitare di cadere nelle grinfie di individui pericolosi nel corso della tua vita. Parla con gli altri riguardo ai problemi che sono stati causati da altri, questo piò aiutarti a vedere la situazione da una prospettiva diversa in modo da poter reagire in maniera brillante. Questo è un punto che si può utilizzare per affrontare i tipi machiavellici. Il machiavellico, generalmente, non vede l'ora di ottenere un risultato positivo per se stesso; ma generalmente è d'accordo che anche tu possa ottenere un ritorno. Uno scambio del genere è assolutamente coerente con l'indole di una persona del genere. E in questo caso non c'è un punto che possa dimostrare la prevalenza, come potrebbe esserci nel caso dei narcisisti.

Cerca di non dover dipendere dalle garanzie e dalle promesse fatte dal manipolatore o dal controllore. Questo genere di persone usa l'inganno come tecnica per controllare gli altri. Sono degli specialisti nell'apparire sinceri e irreprensibili e in alcuni casi potranno parlare gentilmente o confidarsi con voi per nutrire i tuoi sentimenti. Cerca di non fidarti delle informazioni che ti forniscono e che mettono in pericolo la tua ricchezza e la capacità di giudicare. Cerca di non essere mai nella situazione di doverti sentire impotente nei confronti del manipolatore. Si tratta di persone che non hanno alcuna preoccupazione nei tuoi confronti. Non si preoccupano di te e, certamente, il tuo interesse non è la loro preoccupazione principale.

Non cercare di superarli in astuzia. Sono dei veri specialisti in questo genere di cose, specialmente i machiavellici. Probabilmente riconosceranno ciò che stai cercando di fare e aumenteranno i loro sforzi per poterti controllare. Cerca di non valutare le loro parole o il loro comportamenti nei tuoi confronti come un mezzo per misurare la tua autostima. Come Malkin ha verificato in Kirby (2020), gli individui con caratteristiche machiavelliche sono maggiormente attente e sagaci nel modo in cui compiono gli abusi e sulle persone che prendono di mira. Sanno trovare le persone che, generalmente, hanno più fiducia nelle persone, sono più aperti e indifesi. Non si tratta di caratteristiche negative, in realtà, si potrebbero considerare come ottimi attributi. Resta il fatto che fanno in modo che si possa subire il controllo di un manipolatore attraverso un legame e relazione sfortunata. Cerca di non permettere ai machiavellici, ai narcisisti o ad altri maniaci subclinici che fanno parte della tua vita di riuscirti a persuadere in alcun modo. Tu, per le caratteristiche che hai, meriti di avere relazioni che si basano sulla fiducia e la generosità.

Come individuare le bugie

In un articolo pubblicato da Matsumo, Hyi, Skinner e Frank (2011), sono state pubblicate informazioni estremamente interessanti riguardo al modo in cui si possono rilevare bugie o inganni. Questo articolo si basa sui risultati del Federal Bureau of Investigation (FBI) ed è considerato estremamente utile per valutare i casi criminali. Non significa che queste tattiche possono essere utilizzate quando si sta interrogando un criminale, si possono applicare e vale la pena provarle anche quando si ha a che fare con manipolatori e controllori. Durante gli interrogatori dei sospettati o dei colpevoli che dichiarano di non sapere nulla riguardo a un incidente, della persona che ha visto accadere qualcosa, o della persona che ha identificato il colpevole, l'investigatore pone una domanda che farà crollare o distruggerà la storia del colpevole o del sospetto. Mentre il sospettato prepara la sua risposta, guarda in alto e a sinistra, stringe le labbra, chiude le palpebre e porta le sopracciglia verso il basso. L'investigatore sa bene che un sospettato che mostra o mostra gli occhi che si muovono, evita lo sguardo e guarda in alto e a sinistra quando gli vengono poste certe domande, sta mentendo o cercano di ingannare le persone coinvolte. Il colpevole non è necessariamente disinteressato alla conversazione, ma mostra alcuni segnali che mostrano il fatto che non sia cooperativo. Naturalmente, qualsiasi investigatore si sentirebbe in dovere a continuare a spingere per raggiungere la verità.

Tuttavia, questo investigatore sbaglierebbe. Circa 23 su 24 studi e indagini analizzati in gruppi e pubblicati in riviste scientifiche sull'identificazione di una bugia attraverso il movimento degli occhi hanno respinto o confutato in maniera decisa questa ipotesi. Non c'è alcun nesso tra il movimento degli occhi e il tentativo di non incrociare lo sguardo di qualcuno con una persona che sta raccontando una bugia o sta provando a ingannare altri. Ma il settore delle indagini e degli interrogatori è molto vasto, ed è pieno di persone che credono nel fatto che chi racconta una bugia cerchi di evitare lo sguardo di qualcuno , mentre altri non ci credono. Ci sono anche altri fattori considerati come segnali di disagio e inganno, si tratta dell'agitazione, del tentativo di combattere o di fuga e altri indicatori chiave che indicano che si sta raccontando una bugia (Matsumo et al., 2011). Sono molteplici gli indicatori che possono segnare che qualcuno stia mentendo e si tratta di indizi comportamentali che a volte possono portare a fare delle supposizioni confuse. È estremamente pericoloso supporre che qualcuno stia creando una sua verità, questo può portare a degli effetti estremi se si affronta la questione in maniera sbagliata. Ecco perché è importante essere pienamente consapevoli della psicologia oscura prima di individuare bugie e inganni.

Segnali comportamentali

Nel corso degli anni, la ricerca ha portato gli investigatori e i ricercatori a concentrarsi solo sugli indizi comportamentali più verificabili. Questi studi sono stati fatti su dei gruppi selezionati di persone a cui è stata assegnata casualmente la scelta di poter mentire o di dire la verità. Non c'era alcuna motivazione o vantaggio nel dire una bugia, né tantomeno delle ripercussioni o una punizione.

Gli studi hanno coinvolto persone che avevano motivo di agire in un determinato modo contro una persona o un gruppo che aveva delle credenze diverse dalle loro ed erano messe davanti alla scelta di poter commettere un crimine (ad esempio, rubare un assegno intestato al gruppo che disprezzano). Successivamente vennero intervistate e interrogate da un agente di polizia in pensione, che offriva loro la possibilità e la scelta tra dire la verità o mentire. In questo caso le ripercussioni potevano essere l'arresto, il dover sopportare un rumore bianco intermittente o addirittura donare l'importo dell'assegno rubato al gruppo odiato. Si trattava di ripercussioni che sarebbero state utilizzate nel caso in cui la persona non fosse stata abbastanza convincente, nonostante avesse detto la verità. In realtà, le ripercussioni sulle persone dipendono interamente dal giudizio delle forze dell'ordine e del sistema giudiziario. Ecco perché anche le persone che non mentono mostrano segnali di nervosissimo simili durante gli interrogatori (Matsumo et al., 2011). L'articolo ha anche spiegato che le persone mostrano tratti comportamentali diversi quando non ci sono ripercussioni a cui vanno incontro. Questo significa che il modo in cui le persone si comportano durante gli interrogatori previsti dalla legge hanno più a che fare con il sistema giudiziario rispetto alla reale capacità delle persone di dire una bugia.

Durante i periodi in cui si cerca di capire se si stanno raccontando bugie o inganni è necessario osservare alcuni indicatori. Il comportamento fisiologico cambia in modo esponenziale durante un interrogatorio o una serie di domande. Ecco una lista di alcune delle cose a cui gli investigatori prestano attenzione quando cercano di capire se qualcuno sta mentendo o meno:

- Comportamento facciale
- Gesti
- Movimenti del corpo
- Caratteristiche del discorso e della voce
- Indicatori fisiologici (sudorazione, frequenza cardiaca, conduttanza cutanea, ecc.)
- Calore proveniente dal viso e dalla testa
- Dilatazione della pupilla
- Tentativi per non incrociare lo sguardo
- Verbale, non verbale e non linguistico verbale indicatori, ecc.

I risultati degli studi di Matsumo, et al. (2011) hanno mostrato che le persone sono più propense a rivelare se stesse e le loro vere azioni più frequentemente quando hanno un motivo per cui mentire. Di solito si può capire che stanno mentendo a causa delle loro espressioni facciali non verbali, dei gesti, del linguaggio del corpo, della voce e del modo in cui parlano. L'indicazione che stanno mentendo si può anche individuare dalle loro dichiarazioni ed è per questo che è estremamente importante ascoltare attentamente quando un colpevole sta parlando. "Non è la semplice presenza o assenza di comportamenti, come l'avversione allo sguardo o l'agitazione, che indica che si sta mentendo. Piuttosto, è come questi indizi non verbali cambiano nel tempo dal comportamento basilare di una persona e come si combinano con le parole che utilizza l'individuo. E, quando si considerano solo gli indizi comportamentali provenienti da queste fonti, essi possono differenziare accuratamente chi sta dicendo la verità e chi mente." (Matsumo et al., 2011).

Secondo Jim Clamente, un ex agente supervisore dell'FBI, rilevare una bugia o l'inganno non è assolutamente qualcosa di semplice, ma è comunque uno strumento molto utile e utilizzato nell'analisi del comportamento criminale, un termine legato alla creazione di profili criminali, all'ascolto attivo, agli interrogatori, all'intimidazione e al rilevamento di una bugia. Gli interrogatori investigativi non sono conflittuali e il loro obiettivo è di solito quello di ricevere informazioni accurate e affidabili che si potrebbero utilizzare per la risoluzione di un caso. Rilevare una bugia è un approccio olistico utilizzato con molti indicatori che mostrano come qualcuno potrebbe mentire. Questo lo rende uno strumento utile per proteggersi dai manipolatori e dai controllori. Come accennato in precedenza, gli indicatori di inganno solitamente sono accompagnati da alcuni comportamenti come la lotta, la fuga, la complessità cognitiva e la gestione della percezione (WIRED, 2020).

Lotta o fuga

Secondo Clamente (WIRED, 2020), notare i cambiamenti fisiologici che si verificano quando qualcuno è stressato può essere una potenziale indicazione del suo tentativo di ingannare o mentire riguardo a una determinata situazione o evento. Le persone potrebbero avere una salivazione maggiore, un aumento della frequenza cardiaca e cercare di nascondere la loro agitazione attraverso gesti come lo spostamento dei capelli dal viso o asciugare il sudore dalla fronte. Questi comportamenti sono visti come una lotta o una fuga perché ogni volta che questo accade, specialmente quando le mani e le gambe di qualcuno non riescono a stare ferme, è perché il corpo sta generando adrenalina che spinge la persona a scappare o combattere. Ma questa è una chiara ammissione di colpa, ed è per questo che la persona cerca di nascondere il fatto che il suo corpo vuole fuggire e cerca in tutti i modi di difendersi.

Complessità cognitiva

È importante ricordare che ogni volta che le persone mentono, cercano di comportarsi nel modo più semplice possibile. Le persone tendono a concentrarsi solo su due sensi quando mentono: ciò che hanno sentito e ciò che hanno visto. Non aggiungono mai aspetti come gli odori, le relazioni speciali o interazioni come metodo per cercare di mantenere la bugia abbastanza semplice da poter tenerla sempre sotto controllo e non creare dubbi. Tuttavia, quando qualcuno mostra questo tipo di comportamento, si dovrebbe continuare a fargli domande che possono causare confusione per iniziare a togliere gli strati superficiali e arrivare al nucleo della bugia e molto probabilmente giungere alla verità (WIRED, 2020).

Gestione della percezione

Questo aspetto solitamente si verifica quando il soggetto cerca di comportarsi in un modo che lui pensa che potrebbe farlo passare per una persona sincera e cerca di basarsi sulla sua percezione di ciò che un intervistatore si aspetterebbe da un intervistato sincero. In questo caso le persone cercheranno di rimanere molto calme o ferme quando vengono interrogate. L'obiettivo è essere percepite come persone che dicono la verità, tuttavia è qui che entrano in gioco gli indicatori verbali, non verbali e non linguistici. Verbalmente si riveleranno usando molte parole poco convincenti come

"come" e "più o meno". I cambiamenti non verbali come i comportamenti fisiologici menzionati in precedenza (aumento della frequenza cardiaca, sudorazione, il continuo sistemarsi i capelli, ecc.). Uno degli indicatori più accurati è l'indicatore verbale non linguistico. La persona inizierà a mostrare un aumento del ritmo con cui parla, mostrerà un cambiamento nel tono della sua voce, e diminuirà o aumenterà il volume della sua voce (WIRED, 2020). Questo è il momento ideale per utilizzare domande più approfondite, si tratta di una tattica per minare o contraddire le sue affermazioni e farle risentire del mondo in cui stanno parlando.

In generale si tratta di ascoltare attivamente la storia della persona per cogliere rapidamente questi spunti. I manipolatori sono maestri nell'inganno, quindi molto probabilmente riusciranno a coprire questo genere di comportamenti, ma solo per un determinato periodo di tempo. Se stanno preparando la loro dichiarazione piuttosto che raccontarla in maniera semplice, potrebbe essere un tentativo di costruire la loro "credibilità". Manipoleranno anche la situazione scegliendo attentamente le loro parole e creando una distanza tra loro e la situazione che stanno vivendo. È facile descrivere dei fatti, ma le bugie devono essere molto convincenti.

Capitolo 5:

Manipolazione nel marketing e nella pubblicità

La pubblicità e il marketing manipolativo sono un'altra componente della psicologia oscura che può essere potenzialmente dannosa per i consumatori. La manipolazione e la persuasione è stata a lungo un aspetto della pubblicità e del marketing, e la maggior parte dei consumatori cade molto semplicemente in queste trappole perché si tratta di prodotti molto richiesti. Tuttavia, ci sono molti fattori e tipologie di pubblicità e marketing manipolativo da considerare. È

importante anche concentrarsi sul consumo consapevole, che permetterà di proteggerti dall'inganno del marketing e della pubblicità.

Il primo tipo di pubblicità o marketing manipolativo è la "pubblicità ingannevole", che usa i fatti, ma fatti ingannevoli o presentati in maniera falsa. I prodotti che hanno a che fare con la perdita di peso e l'aspetto di una persona, come le pillole dietetiche o gli integratori, spesso riempiono la testa del consumatore con false promesse che consistono di dati sulla perdita di peso non realistici. Portano anche a pensare che perdere peso sia la chiave per la vitalità e la felicità. Nel marketing è presente anche un altro genere di inganno, quello che induce la nostalgia. Utilizzando qualcosa del passato per rendere il prodotto attraente, evocano un senso di nostalgia che ci attira verso il prodotto. Tuttavia, è solo un metodo di marketing, ed è raro che questi prodotti si rifacciano realmente al passato

Greenwashing

La pubblicità e il marketing verde tendono a sostenere che un prodotto ha un potenziale più promettente dei loro concorrenti. Si tratta di un metodo che utilizza diverse strategie per ingannare il pubblico e i consumatori. Il "Greenwashing" inganna il consumatore facendogli credere che sta acquistando prodotti che hanno un effetto meno dannoso o addirittura positivo sull'ambiente. I consumatori sentono un senso di lealtà verso questi prodotti o aziende perché si tratta di aziende che affermano di essere responsabili ed estremamente etici dal punto di vista ecologico. La loro pubblicità sostiene che questi prodotti soddisfano il desiderio umano di salvare l'ambiente e permettono a chi li usa di poter far parte di qualcosa di più grande. Si tratta di un metodo che sembra funzionare bene, dimostrando la capacità del marketing e della pubblicità . Alcune aziende sono veramente biologiche o verdi, ma a causa del potenziale di crescita che questa categoria può avere, alcune organizzazioni hanno mentito sul loro livello di impatto ambientale solo per sfruttarne il successo. Questo ha causato una confusione di massa tra i consumatori perché a un certo punto questo genere di informazioni fuorvianti ha inondato il mercato.

Le affermazioni create con l'obiettivo di manipolare o ingannare i consumatori possono essere facilmente classificate come:

- Affermazioni vaghe/ambigue

- Affermazioni che omettono informazioni importanti per il proprio interesse
- False affermazioni

È importante anche notare che si tratta di affermazioni che spesso, se non sempre, sono abbinate per poter dare l'impressione che il prodotto o il servizio sia da provare e da desiderare. Queste affermazioni manipolative offuscano il giudizio del consumatore e portano vantaggi solamente a chi ci guadagna. L'obiettivo principale e più importante per qualsiasi prodotto o servizio è quello di persuadere o convincere il consumatore ad acquistarlo. Il marketing e la pubblicità manipolativa usano le loro tattiche ingannevoli per raggiungere questo obiettivo. Il fatto che stiano praticando metodi di persuasione non etici e moralmente corrotti non sembra influenzarli affatto.

Esagerazione della qualità

Esagerare sulle informazioni riguardo alla qualità di un prodotto solitamente è legato alle false informazioni riguardo a quel prodotto. Molti prodotti o servizi sono "gonfiati" per farli sembrare più attraenti e superiori ad altri prodotti. Queste esagerazioni solitamente sono fatte utilizzando alcune affermazioni false riguardo al prodotto o al servizio, sostenendo che sia il migliore in circolazione e che i suoi concorrenti non hanno la possibilità di raggiungere lo stesso livello di efficacia. Può essere abbastanza attraente per i potenziali consumatori, ma i consumatori più esperti o informati saranno più inclini a ignorare queste affermazioni "pompate".

Appelli emotivi

Usare le emozioni dei consumatori per attirarli verso un certo prodotto o servizio è uno dei trucchi più vecchi della pubblicità. I commercianti e i pubblicitari hanno usato questa tattica per secoli e possono giocare con le emozioni dei consumatori a livello conscio e inconscio. Queste pubblicità di solito presentano qualcosa che evoca il bisogno di raggiungere, nutrire, salvare, soddisfare qualcosa. I pubblicitari fanno credere al consumatore che questi prodotti li potranno fare sentire in un determinato modo e che li permetteranno di raggiungere la felicità e l'appagamento personale. Potrebbero anche manipolare le persone utilizzando rappresentazioni di animali o bambini, che inconsciamente sembrano più puri e affidabili.

Antropomorfismo

Commercianti e pubblicitari creano contenuti che si distinguono e che hanno più probabilità di essere notati dando caratteristiche umane a oggetti o creature non umane. Questa tecnica può anche essere eseguita aggiungendo delle qualità umane a loghi e grafiche per riuscire a rappresentare le nostre emozioni. Questi dettagli possono aiutare a riconoscere un determinato marchio. Molte organizzazioni animaliste utilizzano questa tecnica, cercando di dare delle caratteristiche umane a degli animali. E l'obiettivo, ad esempio è quello di portare i consumatori a sentire un'entusiastica vicinanza o compassione con l'animale e persino sentire di avere una relazione con l'animale. Questo porta anche a provare un sentimento di empatia, che avrà un impatto o un'impressione duratura sul consumatore.

Testimonianze e recensioni dei consumatori

La notorietà dei siti web, di app e altre piattaforme di recensioni da parte di altri consumatori è la prova di quanto valore abbiano gli attuali clienti sulle decisioni dei potenziali consumatori. Le aziende lo sanno, e attualmente usano i "mi piace" di Facebook e altri tipi di approvazione sociale per pubblicizzare i loro articoli. Le recensioni di altri consumatori, che siano legittime o meno, possono avere effetti incredibili sulla reazione umana. Nel momento in cui le società utilizzano questa strategia i potenziali acquirenti probabilmente cambieranno idea immediatamente. Solitamente molto prima che riescano a controllare la veridicità delle recensioni. L'idea che altre persone possano aver apprezzato un prodotto, o sono soddisfatte di una certa esperienza, fa sentire altri consumatori "più sicuri" nel momento in cui stanno considerando l'acquisto di beni o servizi. Milioni di siti offrono l'opzione ai clienti di valutare i prodotti, ma spesso sono solo recensioni e valutazioni sintetiche o inventate.

Riconoscere la resistenza

La maggior parte dei commercianti e dei pubblicitari hanno trovato il modo ideale per riconoscere la resistenza o la riluttanza dei consumatori ad acquistare certi beni o servizi. La maggior parte delle società sostengono di essere estremamente trasparenti e oneste sui loro prodotti o servizi e creano una sorta di legame tra il consumatore e la marca fingendo di avere una notevole trasparenza. Il consumatore si sente più vicino a quel prodotto che, riconoscendo le sue mancanze, si fa percepire come sincero. Tuttavia, è molto comune per i commercianti e i pubblicitari usare questa finta trasparenza per distogliere l'attenzione dai problemi seri dei propri prodotti, in questo modo si riescono a distrarre i consumatori ammettendo che il prodotto ha un problema minimo e che stanno lavorando per risolverlo.

Psicologia inversa

La psicologia inversa non è usata solo nella guerra mentale e nella manipolazione, ma anche nel marketing e nella pubblicità. Una strategia che si basa sul riconoscere l'opposto di quello che si vuole far fare per permettere di poter sfruttare la psicologia inversa. Si tratta di una tecnica che cerca di convincere qualcuno a fare ciò di cui si ha bisogno sostenendo di non averne bisogno o sostenendo di avere bisogno di qualcosa di diverso. Questo genere di strategia si basa sulla reazione degli individui che nel momento in cui hanno la sensazione che il loro potere decisionale è annullato reagiscono agendo in maniera opposta a quella proposta. Il consumatore si sente come se stesse facendo qualcosa grazie alla decisione che ha preso, ma in realtà si è convinto dal tentativo di una società di farlo disinteressare a determinati argomenti.

Sex appeal

Commercianti e pubblicitari utilizzano immagini ammiccanti che spesso possono suggerire e convincere il consumatore in maniera inconscia o subliminale di acquistare dei prodotti o dei servizi. Il soggetto della pubblicità può essere legato in maniera decisa con l'oggetto o il prodotto promosso, ma il soggetto lo fa sembrare più attraente, proprio perché è associato a un determinato personaggio. Associare un prodotto all'attrazione fisica di una persona può rivelarsi una tattica molto efficace perché gli esseri umani sono naturalmente inclini a scegliere qualcosa che può essere stimolante per loro.

Immagini fuorvianti

Al giorno d'oggi, nessuno è estraneo al rischio di essere fuorviato da alcune immagini. Che sia attraverso alcune fotografie o l'influenza dei social media, questa forma di manipolazione è ormai presente nella società dei consumi e ha modellato il modo in cui consideriamo il mondo, come e cosa consumiamo, e come consideriamo noi stessi. La componente più importante delle immagini ingannevoli è il tentativo di modificare tutti i contenuti fotografici promozionali. Al giorno d'oggi, è considerato normale e necessario anche se è la causa principale delle nostre aspettative irrealistiche. Si tratta di un metodo che ha dimostrato più volte di essere uno strumento di inganno molto potente, ed è per questo che viene accolto con tanto entusiasmo nel settore del marketing e della pubblicità.

Monitoraggio del comportamento dei clienti online

Il marketing ha iniziato a utilizzare un approccio diverso da quando l'impennata il marketing online ha superato quello sulla carta stampata e gli acquisti in negozio. L'industria dell'e-commerce è ora una parte molto importante e integrale dei consumi e si è dimostrata estremamente veloce nella sua crescita e nell'interesse che ha scatenato tra i consumatori. Si tratta di un sistema che ha creato uno strumento piuttosto invasivo conosciuto come tracking. Si tratta dei dati in cui sono presenti le informazioni sui comportamenti delle persone e che spesso vengono forniti alle organizzazioni per permettergli di migliorare le loro statistiche. Una volta generati questi dati sul comportamento dei consumatori possono essere venduti alle organizzazioni ed è per questo che spesso vediamo annunci e pubblicità di società che non conosciamo sui nostri schermi.

Esistono vari modi che ci permettono di proteggerci dal marketing e dalla pubblicità manipolativa. Si tratta di pratiche simili a quelle per proteggersi contro la manipolazione e il controllo mentale, la vigilanza e l'osservazione critica sono estremamente importanti. Se non fai attenzione al tuo comportamento nei confronti di certe situazioni, la tua mancanza di autoconsapevolezza o la tua dimenticanza potrebbero renderti suscettibile ai pericoli del marketing e della pubblicità manipolativa.

Il primo passo potrebbe essere quello di guardare meno televisione, passare meno tempo a scorrere i post sui social media ed evitare gli annunci scaricando un ad blocker affidabile. A volte l'ignoranza è una vera e propria benedizione, e in questo caso, se non puoi vedere qualcosa non puoi cascarci. Potrebbe sembrare attraente acquistare qualcosa perché si è spinti a farlo, ma il senso di colpa del consumatore spesso è un prezzo da pagare più pesante del denaro. Qualcosa potrebbe sembrare attraente o avere l'aspetto di essere un grande affare, ma raramente è così, si tratta sempre di presentazioni esagerate. Prendi tempo per ottenere informazioni su determinate marche, prodotti e società e assicurati di sapere a chi ti stai affidando. È utile anche informarsi sui mali del marketing e della pubblicità per allargare la mente su questo argomento e avere una maggiore consapevolezza che possono avere sulla società e sulla cultura del consumo. Infine, dovresti sempre ricordare a te stesso quali sono le vere intenzioni di questi commercianti e pubblicitari. Il loro unico scopo e obiettivo è quello di ottenere qualcosa da te, e proprio come i manipolatori e i controllori, non provano alcun rimorso o empatia nei tuoi confronti.

Parte III:

Usare la persuasione a proprio vantaggio

Capitolo 6:

La persuasione contro

manipolazione

Secondo Alen Mayer (2014), sia la persuasione che la
manipolazione sono metodi per convincere le persone a fare
qualcosa in modo che possano reagire in maniera favorevole
alle idee e cambiare il proprio pensiero e la mentalità per
cercare di renderlo simile al proprio. Si tratta di sistemi che si
basano su alcuni principi di comportamento e interazione.
Tuttavia, seguono diversi stili e strategie e i risultati ottenuti
sono molto diversi nella maggior parte dei casi. La
persuasione è qualcosa di etico e sincero, mentre la
manipolazione è infida e immorale. L'intenzione (o le
intenzioni) su cui si basano è ciò che distingue veramente la
manipolazione e la persuasione dal punto di vista etico e
morale. La persuasione consiste nell'influenzare persone su
ciò di cui hanno bisogno, e la manipolazione, d'altra parte, è
un metodo che serve a influenzare le persone verso qualcosa
che il manipolatore vuole o ha bisogno, che raramente può
portare un vantaggio alle altre persone coinvolte.

Se è eseguita bene, la persuasione tende a costruire lealtà e
fiducia, che alla fine si traduce in un legame solido o in una
relazione ricorrente tra le persone che sono coinvolte. Anche

la manipolazione può portare a costruire un rapporto di lealtà e fiducia, ma solitamente porta a una relazione di breve termine e porta all'inevitabile distacco permanente e all'estraneità tra le persone coinvolte. Questo dimostra che la persuasione è qualcosa di sostenibile, a differenza della manipolazione. La persuasione fa crescere anche la persona coinvolta, lasciandole la possibilità di prendere le proprio scelte con il libero arbitrio. La persuasione è incentrata sull'efficacia di far cambiare idea a qualcuno senza dover utilizzare la violenza per convincerle che stanno prendendo le decisioni in maniera autonoma. La partecipazione o la presenza della persona che influenza dovrebbe essere praticamente inesistente. La persuasione è anche conosciuta come l'azione che permette di cambiare i pensieri, le idee o le azioni di qualcuno grazie a qualche scambio di informazioni o ragionamenti.

Un'altra differenza estremamente evidente tra persuasione e manipolazione è che la manipolazione è finalizzata al controllo e solitamente porta a situazioni in cui solo una persona risulta vincitrice. E di solito è proprio il manipolatore a vincere o a beneficiare della situazione. La persuasione si concentra più o meno sulla creazione di un vantaggio per tutti gli interessati che possono beneficiare della situazione. La persuasione si propone anche di aumentare l'autostima, mentre la manipolazione mira solo al controllo e questo spesso porta alla distruzione della persona. Trattare bene le persone, con sincerità e rispetto, è comune alla persuasione, mentre nella manipolazione l'unica persona che ne beneficia è il manipolatore. Infine, la persuasione ha l'obiettivo di servire e portare vantaggi a tutte le persone coinvolte e a creare situazioni in cui tutti possono guadagnare qualche cosa. La persuasione non ha l'obiettivo di portare un vantaggio solamente alla persona che influenza le scelte, mira a essere un punto di vantaggio per la persona che viene influenzata. È una strategia che si basa sul libero arbitrio e sulla libertà di

scelta. Al contrario la manipolazione è una strategia molto più egoista e si basa sul fondamento pericoloso dell'avidità.
L'unico ad avere un vantaggio dalla situazione è il manipolatore e, solitamente, le vittime non ricevono nulla.

L'importanza dell'etica

Una gran parte di noi concorderebbe sul fatto che è l'etica, in pratica, a far sperare nell'esito positivo, ma il semplice fatto di averlo scritto e riscritto nei libri potrebbe non essere abbastanza. Ovviamente, tutti abbiamo bisogno che relazioni o legami siano ragionevoli, equi e vantaggiosi per tutte le persone coinvolte. Affinché ciò avvenga, i legami devono mantenere la morale e l'etica o lo stato di diritto, partecipare a pratiche ragionevoli in modo che a trarne profitto sia la persona influenzata, gli astanti e dall'influenzatore. Essenzialmente, è l'individuo, colui che viene influenzato, il manipolatore o l'unità sociale umana del pubblico in generale che trae profitto o trae vantaggio dall'etica e dalla morale.

Soddisfare i bisogni umani fondamentali : essere ragionevoli, giusti ed etici è uno dei bisogni umani fondamentali . Ogni individuo vuole essere se stesso ed essere associato a persone che la pensano allo stesso modo e che sono ragionevoli e morali nelle loro azioni.

Rafforzare la credibilità : un legame è accettato se è guidato dalle virtù ed apprezzate dalla pubblica opinione, anche dagli individui che potrebbero non avere alcuna inclinazione riguardo alla situazione o al legame. La credibilità è un concetto che crea un senso di sicurezza per le persone coinvolte e porta al bisogno di un'interazione affidabile che non ha obiettivi nascosti e fornisce sempre informazioni accurate e veritiere.

Unire le persone : una relazione che è governata dai valori è apprezzata anche per la sua capacità di unire le persone e creare relazioni significative . La morale, i valori e l'etica schiacciano il concetto o l'idea di superiorità nelle relazioni e creano un senso di uguaglianza ed equilibrio nelle relazioni, sia che queste siano personali o professionali. I valori sono anche indicatori chiave di una relazione tra persone che hanno gli stessi obiettivi o condividono le stesse intenzioni.

Migliorare il processo decisionale : quando si utilizza l'etica in una relazione o in una determinata situazione questa si tradurrà in un migliore processo decisionale perché non c'è alcuna intenzione di giudicare qualcuno. Il destino di una persona è l'insieme della moltitudine di scelte che fa nella sua vita. Le scelte sono guidate dai valori. Ad esempio, una relazione che non è costruita su cattive intenzioni non dovrebbe avere troppi problemi.

Guadagni a lungo termine : le relazioni guidate dalla morale e dall'etica sono produttive nel lungo periodo; tuttavia, nel breve termine, potrebbe sembrare che si muovano lentamente. Le relazioni eticamente corrette non presentano mai periodi in cui si verificano dei problemi e tendono a muoversi lentamente perché non c'è fretta di ottenere qualcosa e non c'è alcun allarme causato dalla persuasione o la manipolazione. A lungo termine, la relazione rimarrà sempre fondata e stabile perché è costruita su etica, morale e valori.

Creare una società sicura : l'etica a volte può essere più efficace della legge stessa. Quando le persone si comportano eticamente e moralmente nei confronti degli altri non è necessario l'utilizzo della legge. Ci sono alcuni casi in cui ci sono situazioni in cui non è necessario l'intervento della legge, ad esempio la rivoluzione tecnologica e dei dati. Si tratta di un aspetto che non ha necessariamente un impatto negativo sulla società perché la maggior parte di coloro che si sono uniti alla nuova ondata tecnologica agisce e si comporta in maniera etica verso il prossimo. Questo alla fine si traduce in una società sicura dove c'è pace e rispetto. La morale e l'etica esistono per separare il bene dal male nelle relazioni, sia professionali che personali. Quando la legge o altre figure autorevoli non possono proteggere qualcuno dalle cattive intenzioni di manipolatori è proprio l'etica che lo può impedire.

Capitolo 7:

Persuasione e influenza

I principi di persuasione

La ricerca mostra che esistono sei principi di base della persuasione che sono delle vere e proprie scorciatoie o regole che utilizziamo per prendere decisioni e che sono all'interno dei nostri processi decisionali. Siamo del tutto capaci di un pensiero e di un processo decisionale indipendente. Tuttavia, poiché la nostra mente è costantemente piena di informazioni, siamo sempre più inclini a usare queste scorciatoie o metodi per convincercene. Quando siamo persuasi a fare qualcosa ci serve un'opportunità di cui potremmo aver bisogno per valutare la situazione o utilizzare determinate misure per assicurarci di prendere la decisione corretta. Le persone che vogliono influenzare e intendono persuadere gli altri eticamente possono utilizzare sei modi per persuadere qualcuno senza essere manipolatori:

- Reciprocità

- Scarsità

- Autorità

- Coerenza

- Piacere

- Consenso

Reciprocità

La reciprocità solitamente ci fa sentire come se dovessimo restituire un favore, ripagare qualcuno o regalare qualche cosa ogni volta che riceviamo qualcosa da loro. I persuasori usano la reciprocità per convincere le persone in modo etico perché in questo modo li fa sentire come se dovessero impegnarsi in uno scambio o una transazione di qualche tipo. Le persone sono anche persuase dall'idea di ricambiare un favore. Se qualcuno ti invita a cena, quasi certamente lo inviterai anche tu a cena per stabilire una sorta di scambio tra voi due. L'esempio più comune degli effetti della reciprocità sul nostro comportamento è l'osservazione di luoghi come i ristoranti. Sono più numerose le persone che tendono a dare delle mance maggiori se hanno ricevuto un buon servizio o nel caso in cui ci sia una nota scritta sulla ricevuta dello scontrino in cui si ringrazia il cliente. Le mentine, o i dolci, offerti alla fine di un pranzo o di una cena al ristorante sono una sottile forma di reciprocità che può persuaderci a pagare più di quanto avremmo voluto. È importante che il persuasore sia sempre identificato come la prima persona ad aver donato qualcosa. Dare qualcosa di unico alla situazione e personale, in una certa misura, evocherà anche familiarità tra le due parti, e dare a qualcuno un regalo inaspettato, può essere qualcosa di utile anche quando il fine è persuadere qualcuno a fare qualcosa.

Scarsità

Le persone sono estremamente attratte dall'esclusività e dalle cose che hanno una disponibilità limitata o scarseggiano. Il desiderio è quello di poterle raggiungere. Che si tratti di gratificazione o una specie di autoconvalidazione, spesso è bello partecipare a un'attività in cui non è facile riuscire o acquistare qualcosa che nessun altro si può permettere. Non significa necessariamente che questo prodotto o esperienza sia estremamente costosa perché il suo valore non risiede nel suo valore finanziario, ma nella sua esclusività. Per qualche ragione, le persone tendono sempre a scegliere prodotti ed esperienze che sono considerati limitati o disponibili solamente per un periodo di tempo limitato. Ad esempio, se ci sono biglietti limitati per uno spettacolo, questi si esauriranno molto velocemente. Questo perché noi, come esseri umani, siamo estremamente attratti da cose ed esperienze che gli altri non possono avere e riuscire a ottenerle ci fa sentire superiori. Quando si persuade qualcuno a fare qualcosa o ad acquistare qualcosa, il modo migliore per creare valore e sostenerlo è renderlo disponibile in maniera limitata. Non è necessariamente una questione di valore o del vantaggio potenziale, ma piuttosto il concetto o l'idea di "perdere" che ci spinge a essere persuasi di puntare a qualcosa.

Autorità

La capacità di persuadere spesso è legata alla capacità di sembrare autorevole. Le persone tendono a essere persuase più facilmente da chi ha una maggiore autorità ed è qualcosa che nasce da molteplici ragioni. Quando l'autorità si esegue attraverso la manipolazione, l' impatto autoritario potrebbe basarsi sulla paura della persona di essere punita o umiliata. Tuttavia, come sappiamo, nel caso della persuasione si basa sull'influenza etica e, in questo caso, il persuasore dovrà risultare credibile e affidabile. Pensa a come percepiamo qualcuno che sa quello di cui sta parlando, un aspetto che potrebbe non essere necessariamente dovuto allo scambio verbale, ma spesso solo al modo in cui una persona si comporta o ai segnali visivi che mostrano la sua autorità. Ad esempio, se qualcuno ha certificati o oggetti che ne mostrano le conoscenze nel proprio ufficio come trofei o premi, verrà automaticamente considerato una fonte credibile e affidabile. Questo rende la persona che vuole influenzare più persuasiva perché ha i mezzi per dimostrare le proprie conoscenze. Non puoi necessariamente andare in giro e vantarti dei tuoi risultati o della tua condizione nella vita. Tuttavia, creare alcune conversazioni riguardo a questi aspetti potrebbe essere utile. È importante rimanere modesti e umili per mantenere quel senso di fiducia tra te e la persona che desideri persuadere. Le persone che si presentano come egotiste spesso hanno meno probabilità di dare l'impressione di essere attendibili rispetto a quelle che si presentano come modeste e umili.

Coerenza

La coerenza è un aspetto importante quando si cerca di influenzare qualcuno perché è più desiderabile sapere cosa aspettarsi che non dover prevedere cosa ci si potrebbe aspettare. E per cercare di convincere qualcuno di essere coerenti bisogna, innanzitutto, convincerli a impegnarsi a sottoporsi a una piccola operazione. Una volta che si impegnano in questo piccolo compito, si impegneranno continuamente in compiti simili o più impegnativi. Ad esempio, se persuadi qualcuno a impegnarsi a ricevere un messaggio su un determinato argomento, alla fine sarai in grado di convincerlo a chiamarti. Dopo che una persona si è impegnata a comunicare con te tramite SMS o telefono il passaggio successivo potrebbe essere pianificare una videochiamata. Una volta che si è impegnato in una videochiamata, puoi convincerlo a incontrarti per un appuntamento. Questo tipo di persuasione spesso si utilizza all'inizio di una relazione sentimentale, ma può anche essere praticato in una relazione professionale. Quando sei riuscito a persuadere qualcuno di una determinata cosa alla fine questa persona sarà coerente nella relazione che ha con te, che si tratti di un rapporto situazionale o circostanziale. Sarà coerente con gli impegni e svolgerà determinati compiti che potrebbero portare vantaggi a entrambi.

Piacere

È praticamente impossibile ignorare che le persone più simpatiche hanno una facilità di persuasione maggiore. Le persone meno simpatiche inevitabilmente faranno di più per convincere qualcuno a comportarsi in un determinato modo rispetto a qualcuno che è generalmente più simpatico. Le persone che sono disposte a collaborare, che sono propense a fare i complimenti agli altri e che mostrano una maggiore familiarità intorno a loro di solito sono più capaci di persuadere le persone. Prima di iniziare il tuo tentativo di persuasione è importante che tu cerchi di iniziare in una sorta di scambio di informazioni . Puoi farlo discutendo di alcune cose riguardo a te stesso e sulla tua vita per creare un senso di familiarità con la persona interessata. Puoi anche fargli dei complimenti unici e sinceri che non sono necessariamente legati al contesto, ma che possono essere accettati. Ad esempio, complimentarsi su come parlano può essere un metodo efficace perché non è un aspetto su cui solitamente ci si concentra ed è un riconoscimento alla loro intelligenza e alle loro capacità. Essere collaborativo e rispondere alle domande delle persone in modo completo e sicuro ti farà anche sembrare più simpatico. E questo permette alle persone di pensare che sia facile lavorare o legarsi a te e che questo non sarà mai un problema.

Consenso

È importante tenere presente che molto spesso le persone guardano gli altri quando stanno prendendo delle decisioni. Quando hanno la percezione che nessun altro stia partecipando o si stia affezionando a qualcosa, saranno più riluttanti a farlo. Questo è il motivo per cui è importante mostrare a qualcuno che ci si può fidare e che qualunque cosa tu stia cercando di raggiungere attraverso la persuasione si tratta di qualcosa di cui non si potrebbe pentire. Spesso leggiamo recensioni su alcuni prodotti o forme di intrattenimento prima di decidere se acquistarli o utilizzarli. Questa ricerca di informazioni scritte da persone simili a noi è un metodo che ci permette di rassicurarli sul fatto che si stia prendendo la decisione giusta. Quando si cerca di persuadere qualcuno basandosi sul consenso sarà necessario creare la sensazione che gli altri si siano impegnati nello stesso legame e che siano soddisfatti. Se altri hanno avuto esperienze piacevoli con te, molto probabilmente avrai maggiore possibilità di convincerli e si formerà una certa fiducia tra te e quella persona. È importante avvicinarsi in maniera etica perché molte persone tendono a dire bugie su questo genere di informazioni per convincere gli altri. E quando si pratica una cosa come quella si è subito etichettati come persone che tendono a ingannare gli altri e la persuasione diventa manipolazione.

I due modi più importanti per creare un legame e influenzare secondo il dottor Jason Jones

Secondo il dottor Jason Jones, sono due le cose che bisogna considerare quando si tenta di connettersi e di influenzare qualcuno: somiglianza e linguaggio del corpo. Ogni volta che incontriamo nuove persone inconsciamente mettiamo in discussione le loro motivazioni per cercare di determinare quale potrebbe essere la loro reazione. Si tratta di risposte che sono determinate dal pensiero della persona che può far del male e quella che può aiutare. Spesso si discutono le intenzioni degli altri perché è nella nostra natura ed è da sempre una caratteristica umana. Si tratta di un meccanismo che utilizziamo per determinare se dobbiamo sentirci minacciati o aperti all'interazione con un altro essere umano.

Ancora una volta l'idea che qualcuno possa essere simile a noi e che possiamo relazionarci con lui è, in qualche modo, importante perché crea un senso di fiducia. Ecco il motivo per cui è importante creare una relazione rapidamente e dare un'impressione positiva e duratura a qualcuno. Questo permetterà di modificare tutte le opinioni su di te e influenzerà la relazione o il legame che si è venuto a creare con qualcuno in precedenza. Questo è il motivo per cui può essere utile fermarsi salutare qualcuno brevemente, anche se sembra una cosa banale da fare. Cercare di mantenere questo senso di legame tra te e un'altra persona ti farà sembrare più affidabile e una persona con cui è meno rischioso costruire un legame. Se inizi ad avere questo genere di atteggiamento in maniera costante avrai la possibilità di essere percepito come una persona simpatica e potrai influenzare le persone più spesso e in maniera più semplice.

Puoi anche cercare di imitare l'aspetto fisico delle persone che stai puntando a influenzare per poter avere maggior successo. L'abbigliamento gioca un ruolo fondamentale nel modo in cui gli altri ti percepiscono. Se ti presenti con un completo a una festa informale potresti dare l'impressione di essere uno snob. Al contrario presentandoti a un evento aziendale in jeans e scarpe da ginnastica darai l'impressione di essere sciatto e poco professionale. Abbina le scelte di abbigliamento a chi ti circonda o all'evento che stia frequentando e potrai creare un senso di familiarità con il pubblico. Il linguaggio del corpo è un altro tratto a cui fare attenzione quando decidi di influenzare o persuadere una persona. Si tratta di una forma di comunicazione e di scambio non verbale tra due persone che può determinare il raggiungimento degli obiettivi. Questo perché tende a influenzare inconsciamente la percezione che le persone hanno di te. Il linguaggio del corpo, il sorriso, il contatto visivo e spingere il corpo verso qualcun altro possono essere fattori molto importanti. Si tratta di aspetti che mostrano l'impegno che metti nell'interazione, dando l'impressione di avere una certa importanza e una persona con cui relazionarsi più volentieri. Secondo il dottor Jones ci sono altre tecniche di linguaggio del corpo che dovresti considerare quando il tuo obiettivo è persuadere qualcuno:

Usa le spalle : quando le tue spalle sono allineate con le spalle dell'altra persona (o solo leggermente aperte), sembri impegnato, concentrato e attento.

Espressioni facciali : usa le tue espressioni per mostrare emozioni come sorpresa, accordo, curiosità, tristezza, preoccupazione, eccitazione o anche tristezza e preoccupazione. Queste espressioni facciali confermano che sei dalla sua parte, che ci tieni e che sei una persona che potrebbe aiutarli.

Tenere le mani aperte: quando parli a una persona o a un gruppo di persone, assicurati che le tue mani siano aperte e non in una posizione aggressiva. Evita di puntare il dito contro le persone, ma anche di nascondere le mani o di stringere i pugni. Si tratta di aspetti che mostrano tensione e negatività.

Chiusura: anche il potere del tuo linguaggio del corpo è una componente importante della connessione. Se ricopri una posizione superiore o autorevole, sarebbe saggio diminuire la potenza e l'intensità del tuo linguaggio del corpo. Puoi farlo assumendo una postura più chiusa e sedendoti quando ti stai relazionando con gli altri o tenti di avere discussioni. È importante anche che i tuoi occhi siano allo stesso livello di quelli dell'altra persona.

Potenziamento : se non sei allo stesso livello di autorità dell'altra persona, puoi provare a imitare la sua postura per creare un'illusione di potere. Mantenere una postura aperta asserirà anche una qualche forma di dominio e potere.

Cerca di guardarti e di presentarti con la maggiore sicurezza possibile. Se ti senti come se non fossi all'altezza di persone più potenti, puoi convincerle che appartieni allo stesso livello regolando il tuo linguaggio del corpo e il tuo comportamento per sembrare più assertivo. La gente tende ad amare qualcuno che ha fiducia in se stesso e sa cosa vuole nella vita.

Capitolo 8:

Intelligenza emotiva

Esistono diversi modi per determinare se una persona è emotivamente intelligente, ma il modo più preciso per affermarlo è quello di osservare come si comportano e pensano. Secondo Bariso (2018), sono circa tredici le azioni che possono far risaltare l' intelligenza emotiva di una persona nel mondo reale. Fai molta attenzione alla definizione di queste azioni e ti renderai conto di come queste azioni appartengono molto spesso alla capacità di persuadere gli altri con successo . Queste azioni e comportamenti sono noti come:

Attenzione ai sentimenti

Quando qualcuno è consapevole di sé ed è socialmente consapevole, tende a essere emotivamente più intelligente. Questo perché si tratta di una persona che riconosce l'impatto che le emozioni possono avere su se stessi e sugli altri . Si tratta di persone che sono anche in grado di identificare o riconoscere facilmente le emozioni proprie e quelle degli altri. Valuteranno regolarmente i loro punti di forza e di debolezza emotivi e considereranno sempre l'impatto che il loro umore può avere sui loro pensieri, comportamenti e processi decisionali. Mettono anche in discussione le influenze sottostanti che potrebbero essere la ragione per cui provano determinate emozioni, consentendo loro di acquisire maggiore conoscenza e comprensione della situazione o della circostanza attuale. Questo genere di domande possono produrre informazioni preziose che possono creare dei grandi benefici quando si pratica la persuasione. Essere consapevoli e in grado di mettere in discussione le tue emozioni ti renderà più resiliente, un fattore necessario per la persuasione.

Pausa

La pausa può sembrare un'attività o un comportamento molto semplice da eseguire, ma in realtà si tratta di qualcosa di difficile. Come esseri umani, spesso dimentichiamo di pensare prima di parlare. Questo porta a imbarazzo, conflitto e talvolta persino all'umiliazione. Prendersi del tempo per riflettere prima di esprimere i propri sentimenti ed emozioni può portare a un migliore processo decisionale e a risposte più calcolate. Ti darà anche la possibilità di evitare di essere persuaso perché si tratta di una caratteristica che previene il rischio di condividere troppe informazioni. Può anche aiutare qualcuno che ha un problema con l'impulsività o che prende decisioni affrettate. Per dirla in altre parole la pausa sostiene le capacità decisionali rapide o permanenti sulla base di emozioni e sentimenti temporanei o momentanei.

Controllare pensieri ed emozioni

Non abbiamo il controllo sulle nostre emozioni e sentimenti quanto potremmo pensare, soprattutto non nei momenti in cui queste prendono il sopravvento. Tuttavia, è possibile insegnare a se stessi a controllare le reazioni e le emozioni in qualsiasi momento concentrandoti sui tuoi pensieri e sentimenti. Questo senso di consapevolezza ti impedirà di agire in maniera emotiva rischiando di creare delle situazioni che potresti rimpiangere. Questo genere di controllo ti permetterà di affrontare le tue emozioni, invece di soccombere a un comportamento che mette in mostra negativamente le tue emozioni. Avere il controllo delle proprie reazioni è un attributo molto efficace perché può mostrare una certa assertività riguardo alla percezione che gli altri hanno su di te.

Se hai il controllo di queste emozioni riuscirai a controllare te stesso anche quando vieni provocato.

Sfruttare le critiche

Non c'è persona viva su questa terra a cui piaccia essere criticata o giudicata, specialmente se il riscontro che si riceve è negativo o se le persone mostrano una percezione negativa nei tuoi confronti. Usare le critiche come strumento di apprendimento mostra non solo intelligenza emotiva, ma anche maturità emotiva . A volte la critica è un riflesso o una proiezione di come qualcuno si sente riguardo a se stesso e non ha nulla a che fare con la persona che è stata criticata. In questo caso, puoi comunque considerarla un'opportunità per poter comprendere i loro pensieri e sentimenti, il che può essere qualcosa di molto importante. Invece di commiserarti, puoi utilizzare la critica e trasformarla in un processo di apprendimento per migliorare te stesso o valutarlo, semplicemente, come il tentativo di qualcuno di farti cadere.

Mostrare autenticità

L'autenticità non é necessariamente il segnale che tu debba essere un libro aperto e che tu debba condividere tutto. Sono in molti a provare invidia per le persone autentiche per la loro capacità di rimanere fedeli alle proprie opinioni, senza cadere vittime degli abusi degli altri. Puoi dimostrare autenticità seguendo i tuoi valori, la morale, convinzioni e principi in ogni momento e non cambiare parti del tuo comportamento solamente per mettere gli altri a proprio agio. Le persone autentiche sono considerate persone che sanno quello che dicono e non la cambiano anche se si tratta di idee che non sono condivise da nessuno degli interlocutori. Questo può essere un tratto molto efficace per la persuasione perché le persone tendono ad essere facilmente persuase da qualcuno che è sicuro di sé piuttosto che da qualcuno che non è sicuro.

Manifestare empatia

Le persone che dimostrano empatia nei confronti degli altri solitamente hanno un'elevata intelligenza emotiva perché cercano di comprendere quello che pensano, provano gli altri prima di formarsi un'opinione o giudizio sulla persona o sulla situazione. Comprendere il ragionamento delle persone è molto utile perché apre la mente a varie possibilità per pensare e ascoltare gli altri. Essere empatici nei confronti degli altri non significa necessariamente essere propensi a essere persuasi, significa semplicemente che hai la capacità di metterti nei suoi panni. Quando riusciamo a capire come e perché gli altri reagiscono, pensano o si comportano in un determinato modo, possiamo diventare più abili nel modo in cui possiamo praticare la persuasione perché siamo in grado di relazionarci con gli altri e fare in modo che sia più facile relazionarsi con noi.

Lodare gli altri

Quando una persona può fare i complimenti agli altri senza che ci sia un secondo fine possiede una caratteristica che può servire per mostrare una forte autostima e fiducia in se stessi. Mostrare apprezzamenti o riconoscere i risultati di qualcun altro senza provare invidia o lamentarsi del fatto che non sia stato riconosciuto il proprio lavoro è un segnale che dimostra una forte intelligenza emotiva. Per diventare più sicuro in te stesso e sentirti a tuo agio nel lodare gli altri, è importante comprendere che il fatto che loro abbiano ottenuto dei risultati non comporta necessariamente che i tuoi risultati siano meno importanti. Dovesti considerarlo un aspetto che ti permette di ottenere qualcosa in più. Dimostra il fatto anche che puoi concentrarti sui punti di forza delle persone e non solo sui loro punti deboli.

Dare riscontri utili

Le persone che danno dei riscontri utili e costruttivi sono considerate utili e ricche di risorse, piuttosto che persone che tendono a buttare giù le altre persone. Quando fornisci un riscontro a qualcuno, puoi sempre scegliere di utilizzare un linguaggio che lo possa motivare e che sia costruttivo piuttosto che usare termini negativi che lo facciano sentire giudicato. Questo metodo mostra che anche tu dimostri di avere un'etica, anche nei casi in cui hai la possibilità di essere distruttivo. Agendo in questo modo, il destinatario ti percepirà come una persona utile e non si sentirà come se tu stessi cercando di fargli del male. In questo modo potresti avere anche una maggiore possibilità di influenzare chi ti sta attorno, piuttosto che essere considerato una persona scortese.

Chiedere scusa

Molte persone preferiscono utilizzare una modalità difensiva piuttosto che scusarsi quando commettono degli errori. Ci vuole una buona forza e coraggio perché qualcuno ammetta di aver sbagliato, ma nel momento in cui lo farà dimostrerà la sua umiltà. Chiedere scusa non significa necessariamente che hai sbagliato, ma può servire a salvare o a migliorare alcune relazioni nella tua vita. È importante ricordare di non cedere alla manipolazione di qualcuno scusandosi troppo spesso, questo potrebbe mostrare segnali di vittimizzazione. Le persone sono anche propense a essere incuriosite dalle persone che si sentono a proprio agio nel chiedere scusa perché si tratta di persone che mostrano una sentita sincerità e il giusto livello di orgoglio. Si tratta di caratteristiche che mostrano anche una certa affidabilità, permettendo che le persone si sentano di poter fare affidamento su di te.

Perdonare e dimenticare

Quando sei in grado di perdonare qualcuno per un errore che ha commesso ai tuoi danni mostri segnali di forza e resilienza. Le persone che mostrano rancore solitamente sono percepite come deboli perché non riescono a reagire, mentre le persone che hanno commesso il torto e i criminali riescono a proseguire le loro vite come se nulla fosse. Sicuramente non è giusto e può essere molto difficile riuscire a superare il dolore che hanno causato. Tuttavia, riuscire a perdonare e a dimenticare è qualcosa di molto liberatorio ed è una caratteristica che dimostra una certa forza. Si tratta di una caratteristica che rende impossibile per le altre persone prendere il controllo su di te utilizzando dei sentimenti ed emozioni repressi.

Mantenere le promesse e adempiere agli impegni

Le persone che sono in grado di mantenere le loro promesse e i loro impegni sono sempre considerate affidabili e degne di fiducia. Si tratta di due caratteristiche di altissimo valore e sono anche segnali di coerenza. Quando sarai in grado di migliorare la tua capacità di mantenere le promesse e adempiere ai tuoi impegni noterai un grande cambiamento nelle tue relazioni e riuscirai a mantenere una maggiore coerenza nel rapporto che hai con te stesso. Non c'è nulla di sbagliato nel rifiutare certi piani e riprogrammarli, ma se ci riesci saranno sempre di più le persone che inizieranno a percepirti come una persona affidabile e si sentiranno più inclini a confidarsi con te e a mantenere il loro rapporto con te.

Essere d'aiuto agli altri

Influenzare positivamente la vita di qualcuno non è importante solo per la persona aiutata, ma dovrebbe esserlo anche per te. Tendere una mano ed essere caritatevoli ha un effetto positivo sulla tua intelligenza emotiva perché serve sia a te sia alla persona che stai aiutando. Loro ricevono aiuto, mentre tu dimostri ancora una volta di essere una bella persona. Le persone che sono sempre disponibili ad aiutare mostrano anche forti qualità di leadership e affidabilità. Puoi migliorare la volontà di mostrarti utile iniziando ad aiutare le persone a raggiungere cose banali e poi pian piano aumentare il tuo aiuto e fare azioni caritatevoli. Ti renderai anche conto che una volta che inizi a diventare più disponibile nei confronti degli altri, anche loro diventeranno più propensi ad aiutarti. È una caratteristica che fornisce un beneficio sia a chi aiuta sia a chi riceve una mano.

Protezione contro una violenza emotiva

Gli individui che sono in grado di proteggersi dal rischio di violenza emotiva sono anche consapevoli del lato oscuro dell'intelligenza emotiva. Le persone che praticano una certa violenza psicologica sugli altri sono molto simili a manipolatori e controllori e di solito hanno solo l'obiettivo di trarre beneficio dalla situazione. È importante capire questo genere di situazione e prepararti a subire le minacce e i pericoli legati alla violenza emotiva. Questa consapevolezza ti consentirà di cogliere l'inganno e le intenzioni pericolose in maniera rapida e semplice e ti aiuterà a mantenere la tua forza. Non c'è bisogno di essere diffidente contro chiunque tu possa incontrare, ma rimanere sempre all'erta di certo ti aiuterà immensamente. La violenza emotiva può mettere a dura prova la tua salute mentale, ed è per questo che è così importante che tu impari a proteggerti. Affinare continuamente la tua intelligenza emotiva renderà le tue emozioni meno facili da leggere per i sabotatori e sentirai un maggiore controllo rispetto a chi può far breccia nelle tue emozioni.

Il tuo livello di intelligenza emotiva influenzerà notevolmente le tue probabilità di successo in vari aspetti della vita. Le persone emotivamente intelligenti di solito hanno un lavoro più sano, relazioni personali e romantiche e hanno maggiori possibilità di raggiungere un certo successo nella vita. Noterai quasi immediatamente i progressi che stai facendo lavorando sull'intelligenza emotiva una volta che ti impegni perché riuscirai a sentirti più ricco e in controllo delle tue emozioni. Inoltre, si tratta di un aspetto che avvantaggia le relazioni nella tua vita perché c'è una minore quantità di incoerenza e inconsapevolezza emotiva. Una volta deciso di lavorare sulla tua intelligenza emotiva, noterai anche che le persone reagiranno in maniera diversa. Che siano consapevoli o meno della tua decisione, affronteranno questi cambiamenti quando ti impegnerai con loro perché anche il tuo comportamento nei confronti degli altri cambierà. Ad esempio, se qualcuno è abituato a parlare male di te, apparirà piuttosto sorpreso quando inizierai a mostrare dei segnali di autenticità e di assertività. Ti renderai anche conto che le relazioni personali stanno cambiando perché hai un maggiore controllo sui tuoi sentimenti, emozioni e reazioni. Diventerà anche più facile persuadere o influenzare gli altri grazie a dei fattori e delle caratteristiche che attraggono le persone e tipiche delle persone che hanno una buona intelligenza emotiva. Questo è il motivo per cui è importante considerare di migliorare la tua intelligenza emotiva e ottenere il controllo completo delle tue emozioni.

Capitolo 9:

Programmi neuro-linguistici

Le basi

Secondo Bundrant (2020), la programmazione neuro-Linguistica (PNL) è un insieme di abilità che includono le tipologie di comunicazione che si intrattengono internamente ed esternamente. È importante analizzare il significato del titolo per creare uno schema più preciso di quello che è la programmazione neuro-linguistica, come mostrerò successivamente è necessario per comprendere il concetto e le idee di questa materia. Aiuta anche a migliorare la PNL grazie alla grande quantità di informazioni disponibili che abbiamo su questo argomento. È un metodo estremamente efficace per utilizzare la psicologia a proprio vantaggio e, se eseguita correttamente, può migliorare il tuo benessere mentale in modo straordinario.

Neuro : il termine "neuro" si riferisce alla mente o al cervello e in particolare al modo in cui il tuo stato d'animo e il tuo corpo possono influenzare il modo in cui ti comporti e comunichi con gli altri. La PNL ha lo scopo di educare le persone riguardo ai metodi strutturali di visualizzazione dello stato della mente e del corpo, sviluppando immagini mentali che mostrano il modo in cui accadono le cose e come cercare di cambiare la direzione.

93

Linguistico : descrive il significato che si nasconde dietro gli stati della nostra mente e del corpo e come questo si rispecchia nel modo in cui utilizziamo il linguaggio e la comunicazione non verbale. Il linguaggio è percepito come lo strumento che utilizziamo per comprendere il funzionamento interno della mente in modo da poter accederci. Questo ci permette anche di avere accesso al nostro inconscio e subconscio che in altri casi rimarrebbero incomprensibili o potrebbero avere una certa ambiguità.

Programmazione : si riferisce alla capacità di cambiare il posizionamento della mente e del corpo. Si tratta di un termine che si può legare all'espressione "vivere con il pilota automatico" che in questo contesto vuol dire che si riesce a vivere mantenendo fede al modo in cui l'abbiamo programmato. Qualcosa che esiste nei pensieri, nei sentimenti, nelle reazioni, nelle convinzioni e tradizioni tipiche, considerate come abituali in questo periodo.

I professionisti della programmazione neuro-linguistica hanno gli strumenti per capire come si formano questi programmi e come si inseriscono all'interno della nostra mente e come ci si può accedere utilizzando la comunicazione verbale. Si tratta di persone che hanno anche una formazione riguardo alle informazioni sulla programmazione passata e su come la mente si riprogramma in maniera automatica.

Durante una discussione la maggior parte di noi si concentra sull'utilizzo delle parole. Cosa significa per me questa persona? Quali parole posso utilizzare? La teoria o l'idea pericolosa, e spesso fraintesa, che sostiene che le parole sono la parte meno significativa di uno scambio è presente da tempo secondo Mehrabian (Bundrant, 2020). Ad esempio, quando qualcuno ti rivela che è disposto ad assisterti nell'organizzazione di una riunione, ma lo fa utilizzando una voce monotona e con un aspetto che potrebbe far sembrare che tu li abbia offesi, molto probabilmente quello che vuol dire è qualcosa di diverso. A parole ha detto di sì, ma con la comunicazione non verbale, il 93% del messaggio, ha cercato di dirti qualcos'altro. E la programmazione neuro-linguistica è collegata a quel 93% dello scambio comunicativo, vale a dire alla conversazione non verbale. I segnali non verbali possono rivelare molto più di quanto non possano fare i segnali verbali e i professionisti nel settore della PNL sono formati per poterli analizzare e trovarli grazie a diversi canali di comunicazione.

Molte persone non se ne rendono conto, ma i nostri pensieri, sentimenti, emozioni, comportamenti e convinzioni interiori sono forme di comunicazione fondamentali. Questo aspetto si considera parte del 93% non verbale, ed è spesso una parte significativa della nostra mente e dell'attuale stato d'essere del nostro corpo. La maggior parte delle persone non è consapevolmente consapevole di tutti i canali di comunicazione interiore che sono presenti nel nostro cervello e nel proprio essere. Ad esempio, se qualcuno si sente teso per una situazione o un evento, probabilmente sta pensando a quanto seriamente potrebbe reagire a questo genere di immagini e di rumori. La sensazione di tensione è una proiezione di altri canali. Le teorie della programmazione neuro-linguistica sostengono che le persone non hanno caratteristiche disfunzionali, ma semplicemente rispondono e reagiscono ai loro canali di comunicazione interiore. Si tratta di una reazione che potrebbe essere consapevole o inconsapevole. In altre parole, se qualcuno immagina qualcosa di brutto e riproduce questo genere di situazioni in testa sta funzionando correttamente. Quello che sta facendo è semplicemente comunicare con i suoi programmi neuro-linguistici. Si ritiene inoltre che quelli che si rendono conto di essere i creatori del proprio pensiero siano più inclini a volerli cambiare attraverso la programmazione neuro-linguistica. La PNL offre molte opzioni che possono consentire alle persone di cambiare la loro mentalità una volta che hanno fissato la situazione. Adattare e modificare la comunicazione interiore per migliorare il proprio stato d'essere è considerato un aspetto della programmazione della PNL.

Tecniche PNL

Ancoraggio

Questa tecnica è utile per ripristinare un'emozione pratica. L'individuo deve lavorare per ricreare l'emozione legandola a un'azione o a un determinato movimento fisico. L'ancoraggio crea un'associazione o una relazione con l'emozione e l'azione fisica scelta . Ad esempio, un coach di PNL può chiedere all'individuo di scegliere un'emozione positiva come la gioia. L'individuo deve quindi scegliere un'azione che possa essere associata a questa emozione per riuscire a convalidarla e fare in modo che l'individuo abbia delle conoscenze ben radicate con questa azione per rimanere in questo stato di gioia o qualsiasi sia l'emozione scelta. Si tratta di un'azione che può essere, ad esempio, il battere le mani, o appoggiare le mani sulle ginocchia. Una volta deciso l'ancoraggio, l'esperienza può essere vissuta a pieno ritmo; l'ancoraggio può essere introdotto come tecnica per portare l'individuo a provare una nuova sensazione o emozione. Un coach può lavorare con l'individuo per cercare di cambiare un ricordo o il pensiero incentrato su questa sensazione di gioia e utilizzare lo stesso ancoraggio per permettergli di cambiare il suo stato d'animo attuale (Paras, 2020). Questa tecnica di programmazione neuro-linguistica può aiutare le persone a ottenere un maggiore controllo sull'impatto che possono avere le emozioni e sullo stato mentale che può avere su di loro. Può anche cambiare il modo in cui un individuo affronta e reagisce a determinate emozioni fornendo loro ancore che gli permetteranno di eliminare determinati atteggiamenti mentali ed emozioni.

Cambiare le convinzioni

Ogni individuo vivente ha una serie di convinzioni limitanti. Tuttavia, molte di queste convinzioni si trasformano in uno schema. Non tutte le nostre convinzioni hanno necessariamente un impatto positivo. Le tecniche PNL permettono di avere uno sguardo approfondito sulle proprie convinzioni mentre possono mostrare gli impatti negativi che hanno su un individuo. Le credenze possono derivare da qualsiasi tipo di pensiero negativo che è stato rivissuto nella propria mente svariate volte. Può essere qualcosa come "Non sono bello" o "Non sono bravo in matematica". Ogni volta che ripetiamo qualcosa nella nostra mente, diventa un'abitudine e siamo spinti a credere a queste cose, che alla fine influenzano negativamente il nostro stato mentale. Queste affermazioni possono essere dannose e false. Se qualcuno crede di essere incapace di fare qualcosa o di avere un certo aspetto non farà alcun tipo di differenza se sia vero o falso. Le tecniche di PNL proprio come i presupposti possono portare a un cambiamento efficace nella mente dell'individuo, permettendo di mettere in discussione lo stato attuale della persona in modo che possa successivamente passare a pensarla come si desidera. Il coach utilizza queste tecniche per portare l'individuo a intraprendere un processo di autovalutazione. L'individuo sviluppa la capacità di studiare e osservare il proprio stato mentale e le proprie convinzioni. Questo processo porta ad imparare come apportare delle modifiche per espandere il proprio quadro di riferimento. Secondo Paras (2020) un coach che utilizza e pratica i 14 presupposti crea opportunità per collaborare con gli altri e cambiare la mentalità dell'individuo. Questi 14 presupposti formano i principi centrali della PNL.

Rispecchiamento e relazione

Il rispecchiamento e la relazione consentono ai coach di creare uno spazio in cui si portano gli individui ad avere fiducia e credere in se stessi. Il rispecchiamento e la fase in cui ci si relazione sono tecniche cruciali della PNL perché creano un'opportunità per i coach e individui di condividere uno spazio, costruire un legame e costruire una connessione profonda tra loro. Il coach molto probabilmente inizierà a comportarsi come l'individuo in modo da poter migliorare il suo legame con lui. Questo perché le persone trovano più facile connettersi e fidarsi di qualcuno con cui hanno familiarità e con cui possono relazionarsi. E nel periodo in cui il coach rispecchia il comportamento del suo assistito ascolta anche intensamente ciò che la persona sta comunicando verbalmente per guidare la conversazione e stabilire cosa sta succedendo con la persona e quali sono i cambiamenti che è necessario apportare per poterla fare sentire meglio.

Riformulazione dei pensieri

La riformulazione dei pensieri può essere un'efficace tecnica di PNL che gli allenatori possono utilizzare per cambiare la mentalità di qualcuno. Cambiare un pensiero da negativo a positivo. Una persona potrebbe chiedere una consulenza a un esperto di PNL, chiedendole di non farla sentire più grassa. Si tratta di un'affermazione negativa e il compito del coach è quello di cambiare questa affermazione in qualcosa che motiverà o ispirerà l'individuo invece di farla sentire male ogni volta che ci pensa. Ad esempio, l'allenatore può consigliare alla persona di cambiare la sua richiesta da "Non voglio essere grasso" a "Voglio diventare in forma". Questo pensiero rafforzato positivamente ha un peso più motivazionale e potrebbe cambiare la mentalità e la prospettiva dell'individuo riguardo alla situazione in cui si trova al momento. Riformulare i pensieri è uno strumento e una tecnica molto utile, che le persone possono esplorare con il loro coach esperto di PNL. È importante che si cerchi di rafforzare questi pensieri per cercare di renderli ricorrenti nella coscienza dell'individuo con cui si sta lavorando. Visto che i nostri sentimenti, pensieri ed emozioni sono anche metodi di comunicazione, questi pensieri negativi possono indicare problemi più profondi, il coach deve cercare di scoprirli e cercare di riformularli.

Visualizzazione creativa (meditazione, ipnosi)

La persuasione è un'altra tecnica di PNL usata dagli allenatori quando decidono di mettersi in una posizione che gli permetta di lavorare con i clienti e li aiutino a sbarazzarsi di pensieri negativi e convinzioni su se stessi che possono essere limitanti o conflittuali. Le tecniche di persuasione utilizzata dalla PNL possono anche aiutare le persone a liberarsi di alcune abitudini che possono avere un impatto negativo su di loro, o semplicemente, che non funzionano in generale. I coach utilizzano anche tecniche di consapevolezza per lavorare con persone che hanno difficoltà ad accettarsi o con coloro che soffrono di problemi di autostima. Anche la visualizzazione di risultati positivi rispetto a quelli negativi è una tecnica di PNL che stimola il cliente e spesso lo induce a cambiare la propria mentalità per adattarsi al punto di vista del coach. I coach utilizzano queste tecniche per dare maggiore forza ai clienti e aiutarli mentre stanno attraversando alcune fasi di automiglioramento e scoperta.

Queste tecniche non sono le uniche utilizzate per cambiare lo schema della comunicazione nella mente. Ogni volta che un cliente o un individuo impara a creare in maniera metodica un pensiero che possa avere dei benefici su come ci si sente, le sessioni di coaching diventano ancora più efficaci e alla fine mostrano risultati più rapidi. L'importanza complessiva delle tecniche di PNL per un coach è legata alla possibilità di dare l'opportunità di creare dei cambiamenti e risultati desiderati nella mentalità del cliente in modo che le loro vite e il modo con cui comunicano con se stessi possa migliorare. La PNL è un modo molto efficace per entrare in sintonia con le esigenze comunicative del corpo e della mente. Nutrire la mente con informazioni su questo genere di argomento può consentirti di utilizzare la PNL nella tua vita quotidiana.

Secondo Bundrant (2020), esistono quattro pilastri incentrati sui risultati e sugli effetti che la PNL può aiutare a rendere più solidi. Sono conosciuti come rapporto, consapevolezza sensoriale, attenzione ai risultati e flessibilità comportamentale. La fase di creazione di una relazione è descritta come il pilastro che fornisce alle persone la possibilità di ricostruire relazioni con altre persone e di connettersi frequentemente e rapidamente con gli altri. Si tratta di una situazione che crea fiducia tra le persone e può essere adattato attraverso l'osservazione delle variazioni dell'umore, nella lettura degli occhi e altri punti fondamentali. La consapevolezza sensoriale mostra il modo in cui la PNL ti fornisce gli strumenti necessari che ti consentono di usare i tuoi sensi come uno stato di consapevolezza riguardo alla tua vita e al tuo stato mentale. Puoi ottenere molte più informazioni e consapevolezza quando hai la possibilità di utilizzare i tuoi sensi in maniera completa. Il pensiero che si basa sui risultati consente alle persone di connettersi con i propri obiettivi e con i risultati che si desiderano invece di concentrarsi su pensieri negativi o sui propri difetti personali. Quando gli individui sono concentrati sui loro obiettivi, sperimenteranno una mentalità più positiva e, generalmente, prenderanno scelte e decisioni migliori. L'ultimo pilastro si basa sulla flessibilità comportamentale, che spinge a potersi mettere in una situazione di fare qualcosa di diverso con l'aiuto della PNL. Consente inoltre a un individuo di rinfrescare e rinnovare i propri pensieri e formare nuove abitudini che gli potranno essere utili.

Praticare la PNL nelle relazioni, nella vita lavorativa e nella vita privata, in generale, può essere estremamente utile perché consente di pensare in modo più chiaro, di controllare i pensieri in maniera più concisa e mantenere uno stato mentale positivo anche quando non è possibile controllare i propri pensieri. Sono diverse le tecniche della PNL che puoi utilizzare nella tua vita per cercare di migliorarla. Ad esempio, puoi praticare la tecnica dell'ancoraggio quando hai trascorso una brutta giornata al lavoro. Si tratta di una tecnica sottile che ti permette di rimuovere uno stato mentale negativo. Nelle tue relazioni personali o amorose, puoi provare a praticare la tecnica del rapporto per rafforzare i legami tra te e i tuoi cari e persino ricostruire relazioni che hai trascurato dal punto di vista delle emozioni. In generale, puoi praticare qualsiasi tecnica della PNL perché si tratta di qualcosa che ti permette di distaccarti dalle emozioni negative e che ti permette di avere uno stato di consapevolezza migliore de tuo stato umano e fisico.

Conclusione

Il controllo e la manipolazione sono una tipologia ordinata di controllo cognitivo che in psicologia è descritto come un cambiamento rispetto a ciò che un individuo sta pensando, a come potrebbe rispondere o alla sua condotta quando si realizza qualche cosa. Si tratta di qualcosa che è considerata essere una specie di controllo mentale o manipolazione, visto che si tratta di qualcosa che può gestire il cervello e la mente umana. Un tale impatto o inganno indica legittimamente un impatto sociale che può cambiare deliberatamente l'impressione che ha un individuo del mondo. Normalmente, se il discernimento o il punto di vista di qualcuno sulla verità viene adattato, anche la sua condotta e il suo comportamento verso cose o individui specifici ne vengono influenzati. Solitamente esiste una strategia minacciosa su cui si basa il controllo e in molti casi è più di una. Attività dannose, di controllo, fuorvianti, subdole e malevole vengono regolarmente utilizzate come strategie per controllare un individuo e convincerlo a cambiare la propria idea e condotta. Utilizzando il controllo, il controllore o il manipolatore può arrivare ad avere maggiori vantaggi a scapito delle sue vittime e, in molti casi, degli amici e della famiglia delle vittime osservando quel controllo o manipolazione e come questa influenzi numerose vite e non semplicemente le vite dei controllori o delle persone che sono le vittime della manipolazione. Affinché la manipolazione funzioni, il soggetto o la vittima deve avere la convinzione di non avere altra scelta o opzione in una determinata situazione o circostanza . Non solo i manipolatori alterano la verità per ottenere ciò che vogliono, ma talvolta ricattano le loro vittime nel caso in cui si tratti di qualcuno che conosce la verità su qualche cosa. I manipolatori non provano alcuna empatia verso le loro vittime il che rende ancora più difficile disinnescare la situazione o la manipolazione in atto.

Il controllo e la manipolazione di solito comprendono strategie fuorvianti che hanno l'obiettivo di abusare della persona in questione e inducono all'utilizzo di diverse strategie dannose e nocive per poterle utilizzare in maniera ancora più semplice. Alcune persone possono capire di essere controllate; tuttavia, non tutte le persone riconoscono immediatamente il problema. È più semplice vedere come viene controllata un'altra persona invece che notare che si sta subendo una manipolazione. La maggior parte di noi ha l'obbligo di avere il pieno controllo dei propri sentimenti, delle proprie risposte e della propria condotta. Ma si tratta di qualcosa che risulta essere vera per pochi e non per tutti. Allo stesso modo, ci si rende conto che ci battiamo per riconoscere o sollevare comportamenti manipolativi poiché quando si manifestano solitamente si verificano con qualcuno con cui abbiamo un certo legame o fiducia. Può essere qualcuno che conosciamo bene o anche qualcuno che consideriamo affidabile. Il controllo e la manipolazione sono una tecnica che si può mascherare nell'offerta di indicare la strada o di consolare una persona.

Il controllo mentale non è certamente un concetto di cui si è iniziato a parlare solamente recentemente e si può dire che esiste da molto tempo ormai. Per molto tempo, l'umanità ha fatto fatica e ha avuto paura dalla possibilità che qualcuno potesse controllare le nostre menti, i nostri pensieri e le nostre pratiche. E in qualche modo le persone si dimostrano apprensive per il fatto che il controllo mentale potrebbe spingerli a fare le cose senza volerlo. Ci sono centinaia, se non migliaia, di ipotesi (generalmente basate su teorie del complotto o argomenti discutibili simili) che propongono la possibilità che diversi governi e i suoi consulenti utilizzino il controllo mentale su gran parte della popolazione per controllare la società e l'ordine. Ci sono stati anche diversi casi in situazioni di equità criminale in cui il controllo mentale, in particolare la programmazione, è stata presentata come il motivo per cui si è perpetrato un determinato comportamento illecito.

Ci sono numerose rappresentazioni e variazioni sul controllo mentale nei media e nel settore dell'intrattenimento che consumiamo. Ciononostante, è necessario sapere che questo genere di rappresentazioni sono pensate per avere un impatto sensazionale o per aggiungere qualcosa di cinematografico. Generalmente non sono una rappresentazione precisa di quello che è il controllo cognitivo e come questo incide sulla psiche umana. Sono svariati gli approcci e i metodi utilizzati per il controllo mentale. Spesso è difficile comprendere e rappresentare con precisione i contenuti che ci vengono presentati dal settore dell'intrattenimento. Si tratta di un fattore che implica che il controllo mentale che vediamo sugli schermi non si coordina completamente con il controllo mentale reale. Il condizionamento, il controllo , la mancanza di scrupoli (o anche qualche volta la morale), l'influenza e la duplicità generalmente sono parte integrante del dominio della manipolazione e del controllo mentale.

La triade oscura, comprende le tre qualità caratteriali o malattie mentali note come narcisismo, machiavellismo e psicopatia. Solitamente si definisce con il termine oscura a causa delle caratteristiche minacciose e malevole di queste tre caratteristiche. Questo insieme di tre caratteristiche oscure è un tema molto importante nella psicologia oscura e sono considerate le basi nella manipolazione, nel controllo mentale e nell'influenza che hanno. È appurato che gli individui che possiedono queste caratteristiche siano pericolose e possano rappresentare un pericolo per la società. Questi individui cercano in tutti i modi di dimostrare la loro umanità, il loro essere gradevoli e compassionevoli verso gli altri e potrebbero non avere le giuste conoscenze sulle loro imperfezioni e mancanze. La ristrettezza mentale e il fatto di essere distaccati e attenti al benessere degli altri sono caratteristiche di cui questi personaggi non godono regolarmente. Questo è ciò che li rende così bravi nel controllare, nello scegliere la direzione sbagliata e nell'influenzare gli altri. Queste qualità possono sovrapporsi una con l'altra, tuttavia, solitamente si tratta di comportamenti che rimangono molto particolari e diversi l'uno dall'altro. Il narcisismo dipende dalla presunzione, dall'orgoglio e dall'assenza di compassione. Il machiavellismo è noto per la condotta manipolativa e di sfruttamento, la ristrettezza mentale, la mancanza di rimorso e dalla mancanza di provare sentimenti profondi. La psicopatia è riconosciuta come una malattia che mostra l'ostilità alle situazioni sociali, l'assenza di sentimenti, l'assenza di rimpianto e di livelli elevati di imprudenza.

I narcisisti sono classificati come individui che hanno un'immagine ingigantita ed esagerata di se stessi. Si tratta di persone che regolarmente si considerano come individui eccezionali e al di sopra degli altri, incredibilmente inclini ad abusare degli altri o sfruttarli a proprio vantaggio. Si dice anche che i narcisisti rispondano in maniera negativa quando viene messa in discussione in maniera evidente la loro personalità o immagine; combattono sempre per mantenere la loro lucidità quando ciò accade. Il narcisismo prende il nome da una figura mitologica famosa conosciuta come Narciso, che adorava e amava il proprio aspetto, spingendo a fissare costantemente il suo riflesso. Sigmund Freud è arrivato a sostenere, nelle sue opere, che il narcisismo è una fase tipica della crescita e dello sviluppo di un individuo nell'infanzia; tuttavia, è visto come un problema psicologico quando inizia a riemergere o rimane dopo che un individuo ha attraversato l'adolescenza (Rhodewalt, 2020).

Il machiavellismo è generalmente noto come una serie di caratteristiche che includono controllo e la possibilità di mal consigliare. Si tratta anche di una situazione in cui è presente una visione specifica dell'istinto umano, qualcosa di simile al pessimismo. Si tratta di persone che si possono descrivere come fredde e calcolatrici nei confronti delle altre persone. È stato interpretato per la prima volta da Christie e Geiss nel 1970 ed è considerato come una proiezione delle teorie di Niccolò Macchiavelli. Si tratta di un comportamento ben legato alla psicologia oscura a causa delle prospettive politiche brillanti, determinate, ma fuorvianti. Nel corso degli anni è stato inserito all'interno della triade oscura per le somiglianze che presenta con la psicopatia e il narcisismo e per il modo in cui rappresenta alcune caratteristiche che non erano mai state considerate nel narcisismo e nella psicopatia, ma piuttosto le prospettive e le convinzioni di Niccolò Machiavelli (Taylor, 2018).

Quando consideriamo i sociopatici o gli psicopatici, spesso li cerchiamo di catalogare come degli individui che hanno eseguito azioni molto feroci, ad esempio violenze o persino omicidi. La maggior parte dei criminali che commettono questo genere di crimini per ragioni che esulano dal denaro o da altre entità materiali vengono analizzati o distinti come psicopatici pazzi criminali a causa del loro desiderio di ferire un'altra persona. In ogni caso, è fondamentale ricordare che non tutti gli psicopatici sono autori di reati violenti. Possono anche essere persone che compaiono in pubblico e hanno un aspetto normale. Non tutti gli psicopatici seguono le loro inclinazioni. Non tutti i maniaci sono necessariamente selvaggi, anche se alcune qualità del loro carattere possono portarli ad avere dei comportamenti brutali e viziosi. Indipendentemente dal fatto che si tratti di un danno fisico o emotivo, sono, in una certa misura, più inclini a soddisfare il proprio bisogno e vogliono cercare di offrire il proprio contributo a qualcun altro.

La psicopatia è generalmente una malattia che si può descrivere con l'incapacità dell'individuo di comprendere i propri sentimenti ed è regolarmente legata a carenze straordinarie. Non hanno assolutamente la capacità di provare

ZAC ADAMS

colpa, rimorso o compassione nei confronti di qualcuno e non danno neanche alcun segnale di rimpianto quando causano dolore o un danno a qualcuno. Le loro caratteristiche caratteriali sono legate al comportamento antisociale, e si tratta di caratteristiche prevalenti negli anni di formazione. Ciò implica che sperimentano queste caratteristiche sin dalla giovinezza e non si tratta di situazioni da cui possono cercare di allontanarsi. Ci vogliono ore e ore di trattamento e controllo mentale per impedire che questi personaggi possano portare questo genere di problemi in età adulta. A causa dell'oblio e del rifiuto di questo problema, la maggior parte degli psicopatici non viene analizzata, diagnosticata o trattata abbastanza presto e in alcuni casi non si è mai diagnosticati come tali.

Come abbiamo appreso in precedenza, gli abili manipolatori sono in grado di manipolare quasi chiunque. È essenziale riconoscere come chiunque possa essere vittima del controllo mentale e della manipolazione e che le vittime potrebbero non essere necessariamente persone fragili o deboli. I controllori e manipolatori possono infilarsi nei sentimenti di qualsiasi persona che si ritrovi in una determinata circostanza. Il grado di controllo può essere probabilmente determinato dalla relazione tra la vittima e il responsabile del trattamento o il manipolatore. Non c'è un individuo su questo pianeta che non sia caduto nel controllo di qualcun'altro. Non c'è sicuramente un individuo vivo che possa garantire in tutta onestà di non essere mai stato manipolato, il controllo è un tipico atto umano. Tuttavia, tale controllo che è dimostrato con lo studio della psicologia oscura generalmente è qualcosa di calcolato, insensibile e freddo. Ha un impatto decisamente dannoso sulla vide delle persone e ha un grave effetto psichico sugli individui che subiscono questo genere d'influenza.

Mentre un abile manipolatore o controllore può usare e praticare un controllo eccezionale su quasi chiunque, ci sono alcune caratteristiche che i manipolatori possono cercare nelle loro vittime. Le persone che si dedicano alle necessità degli altri sono una scelta perfetta per un manipolatore. Manipolatori e controllori sono attratti da questo tipo di individui in quanto si tratta di individui che non è difficile controllare e su cui è facile trovare difetti e ingannarli. Sperando di soddisfare i desideri altrui di provare amore, questo genere di persone possono persino essere persuase con maggiore successo ad arrendersi a questo genere di manipolazione e controllo. Gli individui che fanno fatica a dire di no ad altre persone e a rifiutare le proposte sono tipi comuni su cui i manipolatori e i controllori potrebbero dedicare le loro attenzioni. Se sei una persona che preferisce non partecipare a un confronto o a un conflitto è meglio che tu cerchi di stare lontano da questo genere di manipolatori. Infatti, il tentativo di evitare conflitti, spesso, è interpretato come un segno di sottomissione o debolezza, un fattore che rende una persona un obiettivo facile e probabile.

Molte componenti della nostra vita ci mettono in situazione in cui siamo a rischio di diventare vittime della psicologia oscura e può essere difficile allontanarsi da queste vulnerabilità per allontanarsi da eventuali pericoli. Quando qualcuno prova la sensazione di non avere le giuste capacità per proteggersi dai controllori e manipolatori, è importante che prenda in considerazione varie tecniche per evitare di cadere nelle mani di questi manipolatori. Prestare molta attenzione a chi ci leghiamo e rimaniamo vigili in queste situazioni è un metodo che ci permette di affrontare questo problema. È anche importante rispettare se stessi e il proprio tempo. Si tratta di caratteristiche che ci renderanno meno disponibili ai manipolatori o ai controllori. Bisognerebbe sempre incoraggiare le persone ad avere un approccio gentile, ma una persona dovrebbe sempre essere cauta quando compie atti di gentilezza nei confronti delle persone quando si tratta di manipolatori. Un altro modo per attirare questo genere di persone è mostrare forti segni di emozione, si tratta di una caratteristica che spesso è considerata facile da prevedere. È sempre una buona idea porre domande perché dimostra che si è consapevoli della situazione e si è in grado di bloccare un manipolatore.

Il consiglio è quello di stabilire dei limiti e di rispettarli sempre, indipendentemente dalle circostanze o dalle situazioni, si tratta di un metodo per difendersi dalla manipolazione e dal controllo. Potresti avere pensato di fare delle eccezioni per le persone di cui ti fidi, ma si potrebbe rivelare una scelta rischiosa perché ci si potrebbe aprire troppo con potenziali manipolatori e controllori. In effetti, è importante stabilire alcuni punti da escludere per cercare di liberarsi dal rischio di cadere in possibili problemi con malintenzionati.

Quando è necessario rilevare qualcuno che mente o ha intenzione di ingannare entrano in gioco diverse caratteristiche:

- Comportamento facciale

- Gesti

- Movimenti del corpo

- Caratteristiche della voce e del modo di parlare

- Indicatori fisiologici

- Il calore di alcune zone del corpo

- Dilatazione della pupilla, avversione a incrociare lo sguardo

- Indicatori verbali / non verbali

Si tratta di diversi segnali che possono suggerire un inganno o una bugia e dovrebbero essere presi in considerazione quando si ha a che fare con coloro che spesso cercano di imporre un comportamento ingannevole. Se viene eseguita correttamente la persuasione svilupperà fedeltà e responsabilità e questo si tradurrà in un legame solido o in una relazione regolare tra le persone coinvolte. La manipolazione può anche basarsi sulla lealtà e fiducia; tuttavia, molto probabilmente si tradurrà in un legame a breve termine e certamente porterà all'indifferenza e all'alienazione perpetua tra le persone coinvolte. Ciò dimostra che la persuasione è una pratica che è possibile effettuare, mentre la manipolazione no. La persuasione promuove l'idea che le persone prendano le proprie decisioni utilizzando la propria volontà. La persuasione è più mirata a cambiare in modo efficiente la mentalità di qualcuno senza costringerlo a fare qualcosa. Si tratta di persone che sono in grado di giudicare in maniera autonoma. Il coinvolgimento o l'esistenza della persona che vuole influenzare dovrebbe essere quasi impercettibile. La persuasione è classificata anche come il concetto o l'azione coinvolta nel convincere qualcuno a cambiare i propri pensieri, idee o azioni attraverso uno scambio di informazioni e calcoli.

Il tuo grado di intelligenza emotiva influenzerà in modo significativo le tue possibilità di realizzarsi in molti aspetti della vita. Gli individui intelligenti, anche dal punto di vista emotivo, normalmente hanno un lavoro migliore e connessioni sentimentali reali. Sono regolarmente più inclini a fare progressi nella vita di tutti i giorni. E diventerà molto presto evidente il fatto che stai migliorando o che stai cercando di migliorare la tua intelligenza emotiva perché avrai la sensazione di essere più capace e responsabile. Si tratta di una situazione che avrà benefici sui tuoi legami e relazioni di tutta la vita perché ci sono meno situazioni negative che si potranno verificare. Quando decidi di scegliere di fare attenzione alla tua intelligenza emotiva, vedrai che le persone inizieranno a reagire in maniera diversa. Indipendentemente dal fatto che essi conoscano la tua scelta o meno, essi dovranno confrontarsi con i tuoi progressi quando parli con loro o con qualcuno vicino a loro. Ad esempio, se qualcuno è abituato a parlare con te o a manovrarti, apparirà molto sorpreso quando improvvisamente darai segnali di assertività e fiducia.

La programmazione neuro-linguistica è ricca di tecniche come l'ancoraggio e la riformulazione dei pensieri che permettono di migliorare la salute mentale e il tuo benessere. È un modo sicuro per incorporare i benefici di questo tipo di trattamento nella tua vita quotidiana e insegnare a quasi chiunque sia disposto a migliorare la propria mentalità e mantenere un atteggiamento mentale positivo. È fondamentale anche ricordarsi che i tuoi pensieri, le tue emozioni e i tuoi sentimenti sono modi di comunicazione non verbali. Inoltre, è considerato uno dei mezzi di comunicazione più importanti perché avviene nello stesso spazio in cui avviene la programmazione.

Una comprensione delle cause di base e dei fattori scatenanti della psicologia oscura consentirebbe alla società di percepire, analizzare e forse diminuire i rischi che ha questo genere di problema. L'apprendimento delle idee della psicologia oscura ha un duplice scopo. In primo luogo, grazie alla valutazione avremmo la possibilità di capire il potenziale dei rischi e questo ci permetterebbe di avere le informazioni necessarie per ridurre il problema. Inoltre, comprendere i fondamenti della psicologia oscura soddisfa la nostra unica ragione evolutiva per tentare di sopravvivere socialmente.

Questo libro dovrebbe insegnare ad avere una maggiore presenza mentale, a provare a fare un cambiamento nelle prospettive per migliorare la situazione, risvegliare le persone e istruirle per cercare di capire come è possibile ridurre il rischio di cadere nelle mani di manipolatori e delle persone analizzate dalla psicologia oscura. Nel caso tu abbia già provato questo genere di manipolazione sulla tua pelle, non sentirti mortificato, tutti noi incontriamo determinate tipologie di manipolazioni in qualche momento della nostra vita.

Quando si tratta delle nostre menti e delle nostre capacità mentali, dovremmo sempre sforzarci di mantenere un approccio ben equilibrato. Essere vittima di una manipolazione non è indice di debolezza. Può succedere a chiunque, ma alcune persone sono solo più vulnerabili di altre. Gli stessi manipolatori possono anche essere vittime di inganni. È una cosa brutta da provare e può causare danni irreparabili. Non si tratta solamente di un attacco alla funzionalità mentale di una persona, ma è anche un tentativo di annullarne il carattere. Come spiegato in precedenza, è molto importante lavorare sulla tua intelligenza emotiva per proteggerti dalla manipolazione. Essere "in sintonia" con te stesso ed essere consapevole delle tue emozioni può portare enormi vantaggi a lungo termine. La psicologia oscura sarà qualcosa che influenzerà molte vite. Se si tratta di una materia analizzata e studiata frequentemente potrebbe essere un problema meno pericoloso. Alla fine, è molto importante rimanere vigili e controllare regolarmente se stessi per cercare di sconfiggere la triade oscura.

Riferimenti

Akyurt, E. (2020b, April 2). *Uomo con camicia near a maniche lunghe con in mano un teschio* [Photograph]. Unsplash. https://unsplash.com/photos/4FaBLjh cQtMAkyurt

Akyurt E. (2020, 6 marzo). *Donna in topless seduta su una sedia mentre prega* [Fotografia]. Unsplash. https://unsplash .com/photos/RVr VOvUkVwk

Alen Mayer. (2014, 22 maggio). *Persuasione contro manipolazione nelle vendite* [video]. Youtube. https://www.yo utube.com/watch?v=RE5hYt4Eagg

Bariso, J. (2020, 6 febbraio). *13 segni di elevata intelligenza emotiva* . Inc. https://www.inc.com/justin-bariso/13- things -emotionally-intelligent-people- do.html

Braiker, H. (2004). *Chi ti sta guidando?: Come interrompere il ciclo di manipolazione e riprendere il controllo della tua vita (1a ed.)* . McGraw-Hill.

Bundrant, H. (20-20, 20 maggio). *Per davvero questa volta, cos'è la PNL?* [2020 Update]. Centro PNL. https://inlpcenter.org/what-is-neuro-linguistic-programming-nlp/

Chernus, T. (2020, 28 febbraio). *Uomo in felpa con cappuccio blu con croce rossa* [Fotografia]. Unsplash. https://uns plash.com/photos/2uGptYCIrpo

Danciu, V. (2014). Marketing manipolativo: persuasione e manipolazione del consumatore attraverso la pubblicità. *Theoretical and Applied Economics,, XXI* (2), 19–34. http://store.ectap.ro/arti cole / 951.pdf 21w

DeRosa, A. (2016, 22 ottobre). *Fotografia in scala di grigi di una persona alla fine di un tunnel* [Fotografia]. Pexels. https://www.pexels .com/photo/grayscale-photography-of-person-at-the-end-of-tunnel-211816/

Donmez, B. (2017, 9 agosto). *Balance* [Fotografia]. Unsplash. h ttps://unsplash.com/photos/eofm5R5f 9Kw/info

Effetti della manipolazione psicologica ed emotiva | Picchi di recupero. Centri di recupero dei picchi. Estratto il 16 settembre 2020 da https://peaksrecovery.com/blog/effects -of-psychological -emotional- manipulation #:% 7E: text = Common% 20Characteristi cs% 20of% 20Victims & text = Manipulators% 20are% 20drawn% 20to% 20this, a% 20this% 20kind% 20of% 20abuse.

Gak, T. (nd). *Foto di un pezzo degli scacchi in bianco e nero* [Fotografia]. Unsplash. https://unsp lash.com/photos/uvTqh Anaf6s

Gill, D. (2020, 12 maggio). Uomo con camicia rossa foto [Fotografia]. Unsplash. https://unsplash .com/photos/XhL9yTaomaI

Housel, M. (2020, 18 giugno). *Ornamento rotondo oro e argento* [Fotografia]. Unsplash. https://unsplash .com/photos/bY5OUwKx3XU

inf luenceatwork. (2012, 26 novembre). *Scienza della persuasion* [Video]. Youtube. https://www.youtube .com/watch?v=cFdCzN7RYbw&feature =youtu.be

James, R. e Blair, R. (2013). Psicopatia: disfunzione cognitiva e neurale. *Dialogues in Clinical Neuroscience, 15 (2)*, 181-190. https://www.ncbi.nlm.nih.gov/pm c/articles/PMC3811089/

Jones, J. (nd). *I 2 modi più importanti per connettersi e influenzare*. Dottor Jason Jones. https://drjasonjones.com/influen ce /

Juneja, P. (nd). *MSG Management Study Guide*. Manag ement Study Guide. Estratto il 24 settembre 2020 da https://www.managementstudyguide.co m/importance-of-ethics.htm

Kirby, M. (2020, 10 giugno). *Come evitare di essere manipolati - Articoli sull'Isola di Misfit* . Medio. https://medium.com/isla nd-of-misfit-articles/how-to-avoid-being-manipulated-8f39e41b6674

Lopez, A. (2020, 18 marzo). *Comò in legno marrone con specchio* [Fotografia]. Unsplash. https://u nsplash.com/photos/JR1ChBgzJvQ

Matsumo, D., Hyi, SH, Skinner, L., & Frank, M. (2011, 1 giugno). *Valutazione della veridicità e individuazione dell'inganno* . FBI: bollettino delle forze dell'ordine. https://leb.fbi.gov/articles/f eaturedarticles/evaluating-truthfulness-and-detectingdeception

Moretti, W. (2019, 19 febbraio). *Foto ravvicinata dell'occhio della persona* [fotografia]. Pexels. https://www. pexels.com/photo/human-eye-1925630/

Paras. (2020, 15 maggio). *5 tecniche di PNL che traggono vantaggio dal percorso di coaching*. Coacharya. https://coacharya.co m/blog/5-nl p-tecniche-che-avvantaggiano-il-viaggio-di-coaching /

Rhodewalt, F. (2020, 16 settembre). *Narcisismo | Definizione, origini, patologia e comportamento*. Encyclopedia Britannica . https://www.britannica.com / science / narcisism

Shabaana, N. (2016, 11 novembre). *Foto di un LED bianco rotondo* [Fotografia]. Unsplash. https://unsplash .com/photos/ZPP-zP8HYG0

Silliman, N. (2016, 14 settembre). *Persona che osserva attraverso la finestra* [fotografia]. Unsplash. https://un splash.com / photos / gzhyKEo_cbU

Smith, D. (2014). *Tecniche di controllo mentale vietate: impara gli oscuri segreti dell'ipnosi, della manipolazione, dell'inganno, della persuasione , del lavaggio del cervello e della psicologia umana* [Ebook]. Piattaforma di pubblicazione indipendente

CreateSpace. http://1.droppdf.com/file s/UGo1M/bannedmind-control-techniques-unleashed-danielsmith.pdf

Stines, S. (2019, 15 marzo). *Comprensione del controllo mentale manipolativo e cosa fare al riguardo (Parte 1)* . Psych Central. https://pro.psychcentral.com/r ecovery-expert/2019/03/understand ing-manipulative-mind-control-and-what-to-do-it-it-part-1 /

Taylor, B. (2018, 8 ottobre). *Machiavellismo, cognizione ed emozione: capire come il machiavellico pensa, si sente e prospera* . Psych Central. https://psychcentral.com/lib/ machiavelliansm-cognition-and-emotion-understanding-howthe-machiavellian-thinks-feels-and-thrives/

Winkler, M. (2020, 29 giugno). *Immagine del computer gratuita su Unsplash* [Fotografia]. Unsplash. https:// unsplash.com/photos/_dICL6joLRk

CABLATA. (2020, 27 gennaio). *Ex agente dell'FBI spiega come rilevare bugie e inganni | Tradecraft*